Diversidad sexual
&
Identidad de género

ALFONSO VANEGAS CASTELLANOS

Dedico este ensayo
a todas las personas y organizaciones
que trabajan por la igualdad de derechos de las minorías
y para que se haga realidad lo previsto en los artículos 1 y 2
de la Declaración Universal de Derechos Humanos:

*"Artículo 1. Todos los seres humanos
nacen libres e iguales en dignidad y derechos y,
dotados como están de razón y conciencia,
deben comportarse fraternalmente
los unos con los otros".*

*"Artículo 2. Toda persona
tiene los derechos y libertades
proclamados en esta Declaración,
sin distinción alguna de raza, color,
sexo, idioma, religión, opinión política
o de cualquier otra índole,
origen nacional o social, posición económica,
nacimiento o cualquier otra condición".*

Ninguna parte de esta obra, incluido el diseño de la portada, puede ser reproducida, almacenada o distribuida en modo alguno ni por algún medio sin la previa autorización de su autor y editor. Hacerlo, viola normas nacionales e internacionales sobre propiedad intelectual y, por tanto, constituye delito y genera sanciones penales y económicas.

Alfonso Vanegas Castellanos

E-mail: alfonvanegas@yahoo.com
Tel. 6787670.
Cel. 3214461323 - 3124116930.
Bogotá, Colombia, Suramérica.

Diseño y edición: Alfonso Vanegas C.

Portada: César Alfonso Vanegas G.

2015

TABLA DE CONTENIDO

Pág.

INTRODUCCIÓN 13

CAPÍTULO 1
SEXO

1.1 Definición etimológica de sexo
1.2 Sexo en el sentido biológico
1.3 Sexo en la norma social

CAPÍTULO 2
SEXUALIDAD

2.1 La sexualidad
2.2 Cómo define la OMS la sexualidad
2.3 Factores que intervienen en la sexualidad
2.4 Cómo surge y se desarrolla la sexualidad
2.5 Funciones y alcances de la sexualidad
2.6 De qué modo se manifiesta la sexualidad
2.7 En qué consiste la atracción sexual
2.8 ¿La atracción sexual es reprochable?
2.9 Sexología

CAPÍTULO 3
PERCEPCIÓN DE LA SEXUALIDAD
SEGÚN EL MODELO BINARIO

3.1 Qué es el modelo binario
3.2 Cómo se percibe el sexo en el modelo binario
3.3 Diferencias de sexo bajo el modelo binario
3.4 Diferencias de género bajo el modelo binario
3.5 Rol de género en el modelo binario

3.6 Sexualidad y relaciones sexuales en el modelo binario
3.7 El modelo binario es contrario a la diversidad sexual
3.8 Situación de la población LGBT en el modelo binario
3.9 El Estado y la sociedad privilegian la heterosexualidad
3.10 Violencia de género bajo el modelo binario
3.11 La imposición del binarismo se atenúa

CAPÍTULO 4
PERCEPCIÓN DE LA SEXUALIDAD SEGÚN EL MODELO DIVERSO

4.1 Modelo diverso de percepción de la sexualidad
4.2 Por el modelo diverso sexo y género son múltiples
4.3 Autonomía de la sexualidad y las relaciones sexuales
4.4 Diversidad sexual en condiciones de libertad
4.5 Estado reconoce la diversidad y la sociedad la acepta
4.6 Población y comunidad LGBT tienen identidad
4.7 Libertad de pensamiento y opinión sobre sexualidad

CAPÍTULO 5
ORIENTACIÓN SEXUAL

5.1 Qué es la orientación sexual
5.2 Orientación sexual en los Principios de Yogyakarta
5.3 Cómo se manifiesta la orientación sexual
5.4 Características de la orientación sexual
5.5 Por qué motivo este tema es controversial
5.6 La orientación sexual es un derecho
5.7 Alcance del derecho de orientación sexual
5.8 Cómo se materializa este derecho
5.9 Limitaciones del derecho de orientación sexual
5.10 Diversidad de orientaciones sexuales
5.11 ¿La orientación sexual es elegible?

CAPÍTULO 6
DIVERSIDAD SEXUAL Y DIVERSIDAD DE GÉNERO

6.1 Diversidad sexual
6.2 ¿Se justifica o no la diversidad sexual?
6.3 Diversidad de género
6.4 Cómo se explica la diversidad de género
6.5 Cómo se exterioriza la diversidad sexual y de género
6.6 Informe Kinsey sobre diversidad de género
6.7 Rol de género y diferencias de género son modificables
6.8 Ideología de género

CAPÍTULO 7
IDENTIDAD SEXUAL E IDENTIDAD DE GÉNERO

7.1 Identidad sexual simple
7.2 Identidad de género
7.3 Identidad de género en los Principios de Yogyakarta
7.4 Cisgénero
7.5 Cómo se forma la identidad de género
7.6 Disforia de género
7.7 ¿Hay diferencia entre orientación e identidad?
7.8 Cómo se exterioriza la identidad de género
7.9 ¿La identidad de género es elegible?
7.10 La identidad de género es un derecho
7.11 ¿Qué decir de la identidad de género LGBT?
7.12 Identidad de género individual
7.13 ¿La población LGBT tiene identidad como tal?
7.14 Identidad de la comunidad LGBT
7.15 Identidad de las parejas homosexuales
7.16 ¿Se respeta la identidad de género en el mundo?

CAPÍTULO 8
HETEROSEXUALIDAD

8.1 Definición de heterosexualidad
8.2 La heterosexualidad es un derecho
8.3 Heteronormatividad
8.4 Heterosexismo
8.5 Diferencia entre heteronormatividad y heterosexismo
8.6 Androcentrismo
8.7 Heteronormatividad y heterosexismo niegan derechos
8.8 Degradación de la heterosexualidad

CAPÍTULO 9
HOMOSEXUALIDAD

9.1 Definición de homosexualidad
9.2 Origen de la palabra homosexualidad
9.3 Origen de la palabra gay o gai
9.4 Homosexualidad y homosexualismo: diferencia
9.5 Tipos de homosexualidad
9.6 La homosexualidad es un derecho

CAPÍTULO 10
BISEXUALIDAD

10.1 En qué consiste la bisexualidad
10.2 Bigénero
10.3 Tipos de bisexualidad
10.4 Bifobia
10.5 Creencias o suposiciones que motivan la bifobia
10.6 La bisexualidad es un derecho

CAPÍTULO 11
TRANSGENERISMO

11.1 Transgenerismo
11.2 Transgénero
11.3 El transgénero no es necesariamente homosexual
11.4 Caracteres comunes de los individuos transgénero
11.5 Variables transgénero
11.6 Transexualidad
11.7 Travestismo
11.8 Intersexualidad
11.9 Androginia
11.10 Tercer sexo
11.11 Gender queer
11.12 Género neutro o neutralidad de género

CAPÍTULO 12
ASEXUALIDAD

12.1 En qué consiste la asexualidad
12.2 Características de la asexualidad
12.3 Abstinencia sexual
12.4 Celibato

CITAS Y BIBLIOGRAFÍA 139
OTRAS OBRAS DE ESTA SERIE 143
PERFIL DE AUTOR 145

INTRODUCCIÓN

La no heterosexualidad es un tema sensible, desafiante y que genera suspicacias. En la cultura contemporánea todavía se tiende a eludir o a distorsionar su debate por motivos disímiles: arraigo heterosexual, temor de Dios, prejuicios, ignorancia, homofobia, intolerancia, hipocresía, etc.

Al asomar a la realidad de la diversidad sexual, lo primero que se observa es cómo la población LGBT (lesbianas, gais, bisexuales y transgénero) es juzgada de mal modo y con sesgo por los poderes de turno y por las mayorías heterosexuales. Por supuesto, hay excepciones cada vez más numerosas.

A este sector social se le estigmatiza y desprecia con supuestos ideológicos, religiosos y morales, creencias y prejuicios apoyados en la no muy oculta doble moral y en un profundo desprecio por los derechos humanos "que no sean los míos".

El rechazo a la población LGBT no se sustenta en razones científicas, antropológicas o sociológicas de peso sino en juicios fundamentalistas y sesgados, promovidos principalmente por predicadores y líderes de opinión homofóbicos que se auto atribuyen cínicamente la investidura de jueces del pensamiento y del comportamiento sexual ajenos.

El presente estudio no es una defensa a ultranza de la población LGBT. No promueve la ideología de género ni apoya posiciones doctrinarias o criterios dogmáticos sobre una u otra orientación sexual o de género.

Tampoco se enfoca a "promover la cultura gay", por tomar en préstamo la muletilla con que muchos homofóbicos cuestionan todo lo que signifique reconocer los derechos de quienes no piensan como ellos en materia sexual.

Más bien, este esfuerzo se concentró en tres objetivos básicos:

Primero, reunir información confiable que ayude a desvirtuar los mitos, creencias y prejuicios sobre las personas LGBT.

Segundo, apoyar la difusión de principios, normas y criterios jurídicos y conceptuales que promuevan la igualdad en dignidad y derechos para todos los seres humanos aunque sean diversos en el pensar y obrar en el orden sexual.

Tercero, contribuir a divulgar la convicción de que ninguna razón justifica la violencia de género, el sexismo, la homofobia o la discriminación por orientación sexual.

Libro 1

En el primer libro, *Diversidad sexual e identidad de género*, se registran algunos aspectos básicos antes de afrontar el análisis central sobre los derechos de la diversidad sexual.

Aquí, algunos conceptos sobre sexo, sexualidad, atracción sexual, diversidad sexual, orientación sexual, identidad de género y otras precisiones de interés general. Son nociones esquemáticas pero útiles para facilitar la aproximación a subsiguientes ensayos sobre los derechos sexuales y de género.

El autor

CAPÍTULO 1
SEXO

1.1 Definición etimológica de sexo

La palabra sexo proviene del latín *sexus* que significa sección, división, parcialidad o condición orgánica que distingue al macho de la hembra.

1.2 Sexo en el sentido biológico

En el sentido biológico *sexo* significa "condición orgánica masculina o femenina de animales y plantas"[1].

El sexo es el factor fisiológico de la sexualidad. Se refiere al sistema orgánico por medio del cual operan las funciones y el proceso natural de la reproducción sexual.

En los seres humanos el sexo aparece y se desarrolla para definir la condición hombre o mujer bajo un sistema biológico integrado por tres subsistemas:

- *Subsistema genético o cromosómico:* corresponde a la primera etapa del desarrollo sexual cuando se definen el sexo y las características genéticas de los mamíferos.

Los cromosomas son filamentos o hilos portadores de los genes que perfilan las características sexuales de cada individuo.

En el proceso de formación del sexo de las mujeres y de los hombres operan dos tipos de cromosomas: tipo X y tipo Y.

En las mujeres los cromosomas son de tipo XX y en los hombres son de tipo XY.

Los gametos o células femeninas siempre portan cromosomas XX y los gametos masculinos portan cromosomas Y pero pueden aportar cromosomas X.

Por esta razón se afirma que el macho es quien aporta el sexo del organismo (XY).

- *Subsistema gonadal:* corresponde a la segunda etapa del desarrollo de los mamíferos.

En esta etapa se produce la determinación sexual gonadal, durante la cual se desarrolla un proceso molecular que conduce a definir la presencia de ovarios o de testículos.

Las gónadas son los órganos que activan la condición masculina o femenina y generan los testículos en los hombres y los ovarios en las mujeres.

- *Subsistema genital:* corresponde a la tercera etapa del desarrollo del sistema sexual.

En ésta se opera el proceso de formación del sistema reproductivo propiamente dicho que se exterioriza en los órganos externos pene y vagina.

Del proceso así esquematizado resulta esta noción de sexo: un conjunto de elementos biológicos, fisiológicos, genéticos, hormonales y funcionales que perfilan a cada individuo como hombre o mujer y se exteriorizan a través de los órganos masculino (pene) y femenino (vagina), respectivamente.

En la fémina el proceso genético, gonadal, embrionario y genital es lo que da lugar al desarrollo del género femenino. De este modo, el individuo siempre será mujer aunque se sienta mejor como hombre o sienta atracción por las mujeres.

En el varón el proceso genético, gonadal, embrionario y genital da lugar al desarrollo del género masculino. Así, el individuo siempre será un varón aunque se sienta más cómodo como mujer o se sienta atraído por los hombres.

Sin embargo, no siempre es así porque también puede desarrollarse un proceso biológico en el cual aparecen el pene y la vagina en un mismo individuo dando lugar a la denominada *intersexualidad*.

El sexo deviene de un fenómeno biológico que es inalterable naturalmente. Por lo tanto, la condición sexual hombre o mujer no depende de la voluntad de las personas y no se puede modificar, salvo parcialmente a través de intervenciones quirúrgicas en los eventos de reasignación de sexo.

1.3 Sexo en la norma social

La palabra *sexo* también es utilizada en otros sentidos:

Con la palabra *sexo* igualmente se describe el acto sexual independientemente del género y del contenido emotivo o amoroso que le da impulso (como cuando se habla de "tener sexo").

En este ensayo los términos sexo y género acusan significados diferentes, los que precisaremos más adelante.

CAPÍTULO 2
SEXUALIDAD

2.1 La sexualidad

La sexualidad se define como el "conjunto de condiciones anatómicas, fisiológicas y psicológicas que caracterizan la función sexual de los animales, entre los que se cuentan los seres humanos y algunas especies de plantas"[2].

En una definición más amplia la sexualidad también se refiere a la inclinación hacia el placer carnal como uno de los fenómenos propios del comportamiento biológico, psíquico y emocional de los seres racionales.

El término *sexualidad* enuncia un concepto genérico ya que su significado abarca un complejo proceso fisiológico y psicosocial del ciclo vital de los seres humanos.

En efecto, las relaciones sexuales con que en un principio se asocia el término *sexualidad* constituyen apenas uno de los múltiples factores que conforman las complejas nociones de sexo y sexualidad.

2.2 Cómo define la OMS la sexualidad

La Organización Mundial de la Salud (OMS), máxima autoridad en materia de salud en el mundo, define así la sexualidad:

Es "Un aspecto central del ser humano, presente a lo largo de su vida. Abarca al sexo, las identidades y los papeles de género, el erotismo, el placer, la intimidad, la reproducción y la orientación sexual".

La sexualidad "se vive y se expresa a través de pensamientos, fantasías, creencias, deseos, actitudes, valores, conductas, prácticas, papeles y relaciones interpersonales.

"La sexualidad puede incluir todas estas dimensiones, no obstante, no todas ellas se vivencian o expresan siempre.

"La sexualidad está influida por la interacción de factores biológicos, psicológicos, sociales, económicos, políticos, culturales, éticos, legales, históricos, religiosos, etc»[3].

2.3 Factores que intervienen en la sexualidad

También a juicio de la Organización Mundial de la Salud la sexualidad es todo un sistema de la vida humana integrado por cuatro fenómenos que interactúan entre sí y, a la vez, interactúan con otros sistemas del conocimiento en los aspectos biológico, psicológico y social.

Los cuatro fenómenos a que se refiere la OMS son: erotismo, vínculo afectivo, proceso reproductivo y sexo genético.

Veamos superficialmente cada uno:

- *Erotismo:* representa la inclinación a sentir placer por medio de la relación sexual que en cada caso se genera en el deseo sexual y en la excitación sexual que, por lo regular, tienden a culminar en el fenómeno del orgasmo.

- *Vínculo afectivo:* supone el desarrollo de relaciones interpersonales más o menos permanentes y de compromiso expreso o tácito entre dos personas, sin ignorar que el sexo casual también es habitual.

- *Proceso reproductivo:* es la procreación por medio de la relación sexual heterosexual proyectada hacia la integración familiar, crianza, cuidado, formación y educación de los hijos.

- *Sexo genético:* se refiere a las características sexuales de cada individuo resultantes de la procreación genética.

Aunque las características de los sexos y de los géneros son diversas guardan muchas similitudes no sólo en el aspecto fisiológico sino mental y conductual, que contribuyen a consolidar la identidad de cada hombre y de cada mujer.

Por esto se afirma que todo hombre tiene un perfil femenino y que toda mujer tiene un perfil masculino (femineidad y masculinidad).

Uno de los resultados de la interacción de los cuatro fenómenos mencionados por la OMS como típicos de los sexos y de los géneros es la inclinación u orientación que los individuos experimentan hacia unas u otras personas y hacia unas u otras prácticas sexuales.

Entonces es cuando en lo relacionado con la sexualidad hablamos de los diferentes procesos biológicos, tendencias, inclinaciones y orientaciones sexuales, vale decir, de la diversidad sexual y de la diversidad de género.

2.4 Cómo surge y se desarrolla la sexualidad

La sexualidad se gesta biológicamente pero en el curso de la vida evoluciona y se manifiesta de modo complejo de acuerdo con la formación fisiológica y psicológica, con la edad de cada individuo y con el contacto familiar y social. Esto ocurre más o menos así:

- *Niñez:* durante la niñez, etapa crucial del desarrollo humano, la sexualidad se va configurando a medida que el niño asimila la formación fisiológica y psíquica.

En la medida que crece el niño va conociendo su cuerpo y las diferencias básicas entre hombre y mujer así como sus sensaciones frente a esas diferencias. Va experimentando afectos y destrezas pero también puede mostrar desafectos, temores y deficiencias en la solución de sus propios problemas.

- *Adolescencia:* durante la pubertad y la adolescencia se presentan las primeras inquietudes y experiencias relevantes y significativas ante la sexualidad.

Según el modo de afrontar los problemas, al lado de sus padres y educadores el adolescente va acopiando criterios que socialmente se llegan a considerar adecuados o inadecuados. A la vez, comienza a asumir una actitud propia frente a los fenómenos sexuales y a su incidencia.

- *Juventud y adultez:* en el adulto la sexualidad ha evolucionado a instancias de buena parte del contenido de los cuatro fenómenos ya citados, de un modo que socialmente se considerará apropiado, inapropiado o deficiente.

Es un proceso permanente de experiencias, inquietudes e interacción que hacen al individuo feliz, infeliz o indiferente frente a la sexualidad y que, generalmente, trascenderá de una u otra manera en los demás aspectos de su existencia.

2.5 Funciones y alcances de la sexualidad

Completando el concepto de la misma Organización Mundial de la Salud, antes citado, ya madurada la sexualidad tendrá alcance amplio y diverso que podemos resumir así:

- Por medio de la relación heterosexual opera el proceso reproductivo o de procreación y supervivencia de la especie.

- La sexualidad participa de modo crucial en el desarrollo de la vida humana: contribuye a formar y consolidar los caracteres de afectividad, personalidad, identidad, espiritualidad, etc.

Tanto así que en algunas culturas se da significado religioso a las prácticas sexuales con la creencia de que hacen parte del perfeccionamiento del ser y que, además, son un medio propicio de aproximación a los seres supremos.

- En ciertas culturas a las prácticas sexuales se les atribuye propiedades curativas mientras en otras, por el contrario, se les endilga el origen de males y enfermedades especialmente cuando rebasan la función reproductiva en busca de placer.

- La sexualidad constituye también un fenómeno socio cultural a través del cual las personas buscan y obtienen el placer fisiológico y emocional que es vital en el desarrollo de sus relaciones sexuales, interpersonales y sociales, sean heterosexuales u homosexuales.

- La sexualidad propicia y apoya la unión permanente de dos personas que buscan construir un vínculo familiar y protección mutua. A su vez, esta unión permanente se proyecta hacia el tejido social y la convivencia colectiva.

Una adecuada formación sexual genera pensamientos, sentimientos y comportamientos positivos frente a la vida: autoestima, capacidad de sentir y dar placer, espontaneidad afectiva, amor por los hijos y demás seres cercanos.

Pero, a su vez, la inadecuada formación sexual puede generar pensamientos, sentimientos y comportamientos negativos o difusos: resentimiento, violencia de género, violencia intrafamiliar, maltrato infantil, celos, homofobia, matoneo, disfunciones sexuales, abusos sexuales, etc.

- Acercándonos un poco a la temática central de este trabajo, la sexualidad también contempla la existencia de un sector minoritario de población que, para no ser rechazado por la mayoría debido a su orientación sexual no convencional, se ve abocado a luchar por su libertad, su identidad y su inclusión como parte digna y respetable del conglomerado social.

2.6 De qué modo se manifiesta la sexualidad

La sexualidad se expresa o manifiesta de diversas maneras, entre otras, la atracción sexual o el deseo erótico (libido), que constituyen la base motivacional de los comportamientos sexuales.

Los comportamientos sexuales pueden ser individuales y autoeróticos (como masturbación o fantasías sexuales) o intereróticos (relaciones sexuales interpersonales).

A su vez, los comportamientos sexuales interpersonales pueden ser, en general, heterosexuales u homosexuales según la dinámica que asuma el fenómeno de la atracción sexual.

2.7 En qué consiste la atracción sexual

La atracción sexual es la capacidad de un individuo para despertar el interés erótico en otro u otros individuos del mismo sexo o del sexo opuesto.

La función fisiológica de la atracción sexual nace y se estimula por medio de uno o varios de los sentidos básicos: vista, oído, tacto, olfato y gusto.

A través de los sentidos se captan elementos externos que de una u otra forma activan la atracción: por ejemplo belleza, juventud, exhibicionismo, vestuario, voz, aromas, sensualidad, ademanes, gestos, sonrisa, comportamiento, etc., que un individuo percibe en el otro u otros individuos objeto de atracción (de distinto sexo o del mismo sexo).

La atracción sexual es una sensación esencialmente fisiológica, aunque puede ser estimulada también por factores psicológicos, históricos, sociales, amor, enamoramiento o la simple interacción.

La atracción sexual es diferente al amor y al enamoramiento. El amor y el enamoramiento pueden ser causa de la atracción sexual pero también pueden ser su consecuencia.

Puede haber atracción sexual sin que medie el amor o el enamoramiento pero también se puede sentir amor o enamoramiento sin que necesariamente haya atracción sexual.

Es decir, el amor, el enamoramiento y la atracción sexual pueden ser complementarios o no serlo.

La atracción sexual puede ser *genérica* o *selectiva*.

Es *genérica* cuando el individuo acusa la necesidad fisiológica de tener relaciones sexuales, aun sin determinar quién sea el objeto de atracción. Por ejemplo, pueden sentirla los jóvenes que están despertando a la madurez sexual una vez superaba su pubertad.

En ocasiones estas personas buscan prostitutas o una compañía casual, ocasional o circunstancial para satisfacer su atracción sexual innominada hacia personas desconocidas.

La atracción sexual es *selectiva* (o específica) cuando se experimenta hacia determinada persona por los estímulos sensoriales o afectivos que ésta le genera o le proyecta al atraído.

La atracción sexual puede sentirse o no. Hay personas que no sienten atracción sexual. Por ejemplo, muchos asexuales lo son precisamente porque no sienten atracción sexual.

Sin embargo, habrá otros asexuales que sintiendo atracción sexual no la exteriorizan ni la realizan mediante relaciones sexuales por una u otra razón.

Por ejemplo, los sacerdotes célibes o quienes cumplen reglas ideológicas o religiosas quienes, entonces, deben imponer control a su atracción sexual.

2.8 ¿La atracción sexual es reprochable?

La atracción sexual no es de creación humana sino un hecho natural. Por eso, de ésta no puede decirse que es reprochable o que es irreprochable.

Pero no obstante ser un hecho natural, la atracción sexual puede ser dirigida o controlada por quien la experimenta de conformidad con sus propios motivos: sacerdote célibe, temor, inhibición, regla, promesa, etc.

En otros eventos el hecho natural de la atracción sexual debe ser controlado, como cuando pueden afectarse los derechos del atrayente por ser menor de edad, discapacitado psíquico o, simplemente, porque el atrayente no consienta en realizar la conducta deseada generada en la atracción.

Cuando se manifiesta ante los demás, la atracción sexual tiene la virtud de develar la orientación sexual o de género del individuo.

En algunas circunstancias es la manera como se reconoce que una persona es heterosexual u homosexual.

Así mismo, la respuesta a la expresión de atracción sexual del atraído puede determinar la orientación sexual del atrayente, aunque no siempre será así.

2.9 Sexología

Sexología es la disciplina científica que trata de la sexualidad humana en los ámbitos fisiológico, psíquico y sociológico.

Richard von Krafft-Ebing, psiquiatra alemán, inició la era de la sexología como disciplina académico científica al publicar en 1886 su obra *Psychopathia Sexualis*.

Krafft-Erbing trató allí por primera vez sobre las perversiones sexuales o conductas sexuales que por entonces eran consideradas anormales: incesto, homosexualidad, necrofilia, masoquismo, sadismo, ninfomanía, fetichismo, entre otras[4].

Elizabeth Osgood Goodrich Willard en su obra *Sexology as the Philosophy of Life* utilizó por primera vez la expresión sexología[5].

Sigmund Freud, médico neurólogo austriaco precursor del psicoanálisis, adelantó uno de los primeros estudios científicos sobre la sexualidad y se ocupó de la homosexualidad.

Freud trató la homosexualidad como "perversión", no a modo peyorativo o acusador sino en sentido psicológico.

Alfred Charles Kinsey, investigador norteamericano, a mediados del siglo XX publicó en dos libros el "Informe Kinsey" sobre la diversidad sexual humana: *Comportamiento sexual en el hombre* (1948) y *Comportamiento sexual en la mujer* (1953).

El Informe Kinsey se basó en una encuesta practicada con 20.000 personas que dejó al descubierto la variedad de conductas heterosexuales y no heterosexuales de hombres y de mujeres en aquella época.

William Masters y Virginia Johnson (norteamericanos), médico ginecólogo y psicóloga respectivamente, entre los años 60 y 70 del siglo XX analizaron cientos de casos sobre tratamientos sexuales.

Masters y Johnson registraron sus conclusiones en el libro *La respuesta sexual humana*. Además, los dos científicos adelantaron otras investigaciones y trabajos académicos sobre las disfunciones sexuales.

Helen Singer Kaplan, psicóloga americana, publicó en 1974 el libro *La nueva terapia sexual* sobre los resultados de sus investigaciones. Singer complementó la obra de Masters y Johnson en relación con las terapias para tratar ciertos trastornos sexuales.

Desde entonces la sexología continúa evolucionando con gran impulso y hoy es reconocida en el mundo occidental como una rama importante de la medicina y de la psicología.

CAPÍTULO 3
PERCEPCIÓN DE LA SEXUALIDAD SEGÚN EL MODELO BINARIO

El alcance de la percepción de la sexualidad es muy amplio y complejo. Para el objeto del presente estudio apenas diremos que en el mundo hay modos distintos de percibir y de tratar la sexualidad. Aquí nos concentraremos en dos patrones o modelos de percepción: *modelo binario y modelo diverso*.

3.1 Qué es el modelo binario

Se habla de un modelo binario (dos) de percepción y comprensión de la sexualidad debido a que éste es el que impone la dualidad o binarismo en el campo sexual.

El modelo binario obedece al modo convencional de percepción y comprensión de la sexualidad y, como tal, muestra las características que enunciamos en los puntos subsiguientes.

3.2 Cómo se percibe el sexo bajo el modelo binario

Bajo el modelo binario, el sexo y la sexualidad se perciben y se entienden de un modo que podemos esquematizar así:

Binarismo de elementos biológicos:

Dos tipos de cromosomas: XX y XY.
Dos gónadas: testículos y ovarios.
Dos órganos genitales: pene y vagina.

Dos sexos: hombre y mujer.
Dos géneros: masculino y femenino.

Binarismo de elementos sociales:

Dos actores en la atracción sexual (erotismo): hombre-mujer y viceversa.

Dos actores en la relación sexual: hombre con mujer, exclusivamente.

Dos roles sociales:

- hombre, que piensa y obra según su género masculino, ↪ todo lo que es viril
- mujer, que piensa y obra según su género femenino.

3.3 Diferencias de sexo bajo el modelo binario

En el modelo binario las diferencias se contemplan sólo entre hombres y mujeres.

En el aspecto sexual la humanidad ha configurado la interrelación de dos factores únicos y complementarios, así:

- Machos u hombres: individuos que nacen con pene, pertenecen al sexo o género masculino y piensan, sienten y actúan (y deben comportarse) conforme al perfil específico del género masculino que les fue predeterminado.

- Hembras, féminas o mujeres: individuos que nacen con vagina, pertenecen al género femenino y piensan, sienten y actúan (y deben comportarse) conforme al perfil específico del género femenino que les fue predeterminado.

Contraargumento: los que son intersexual.

3.4 Diferencias de género bajo el modelo binario

Bajo el modelo binario las diferencias de género son los caracteres específicos que la tradición y los roles de género le atribuyen a cada uno de los dos sexos biológicos básicos.

El objetivo de las diferencias de sexo y género es señalar linderos individuales y sociales entre hombres y mujeres. *- boundary ¿Qué significa*

- *Origen:* las diferencias de género del modelo binario tienen su origen histórico, filosófico y normativo en una tradición autoritaria derivada del patriarcado ancestral.

- *Género:* según este modelo apenas existen dos géneros: masculino y femenino.

- *Diferencias de género:* se dan sólo entre lo masculino y lo femenino.

Las diferencias de género provienen de la construcción o elaboración socio cultural: son carácteres distintivos que las normas sociales han elaborado milenariamente como las específicas de cada uno de los dos sexos.

Históricamente se ha perfilado al sexo masculino con cualidades "propias" del hombre como dominio, fuerza, empuje, agresividad, inteligencia, emprendimiento, entre otras.

Por otra parte al sexo femenino se le han atribuido características o cualidades "propias" de las féminas como fertilidad, debilidad, ternura, paciencia, sumisión, etc.

Las características de género han venido configurándose por influencias e imposiciones culturales, religiosas, ideológicas, políticas, psicológicas, sociales y económicas de acuerdo con la concepción de cada tipo de colectividad.

Según sus características "propias" las personas deberán pensar y comportarse como hombres o como mujeres, con estricta fidelidad a su sexo biológico.

Al conjunto de características y comportamientos atribuidos a hombres y mujeres por separado se le conoce como rol de género o roles de género.

3.5 Rol de género en el modelo binario

El rol de género (en inglés, *gender role*) o roles de género hacen referencia al conjunto de normas sociales y comportamientos arraigados como "propios" de cada uno de los dos sexos biológicos y que configuran sus respectivos perfiles de masculinidad y femineidad.

En otras palabras, el rol de género "se forma con el conjunto de normas, prescripciones y representaciones culturales que dicta la sociedad sobre los comportamientos esperables para un sexo determinado"[7].

En este modelo operan dos tipos de roles de género: roles "propios" del género masculino y "propios" del género femenino.

CAPÍTULO 3 - PERCEPCIÓN DE LA SEXUALIDAD SEGÚN EL MODELO BINARIO

Los roles de género se asumen sin la voluntad del individuo. En este modelo los roles de género se van formando e institucionalizando en cada colectivo al ritmo de su historia y su evolución cultural, religiosa, política, jurídica, psicológica y sociológica y van señalando unos comportamientos específicos para los hombres y otros comportamientos específicos para las mujeres.

Basándose en las diferencias de sexo el poder dominante, rezago del dominio patriarcal, ha impuesto las diferencias de género a través de sojuzgamiento, explotación y discriminación sexista (heterosexismo).

Bajo el modelo binario quienes detentan y se benefician de los poderes político, religioso y moral son quienes históricamente le van señalando a cada individuo desde antes de nacer cuáles serán su papel (rol) y sus limitaciones en materia de sexualidad.

Bajo este modelo cuando hombres y mujeres nacen ya encuentran diseñado y fijado su rol de género correspondiente.

También encuentran consolidadas las instituciones políticas, religiosas y sociales que les irán indicando, paso a paso, lo bueno y lo malo en la cuestión sexual y lo que les podrá ocurrir si se extralimitan o se desvían de su rol asignado: condena eterna, estigmatización, persecución, castigo, marginamiento, muerte, etc. (heteronormatividad).

- *Identidad de género:* en el modelo binario no cabe este concepto como factor de libertad puesto que al nacer cada individuo ya trae marcada su identidad masculina o femenina.

Ideología de género: bajo el modelo binario tradicional la ideología de género es vista como un despropósito propiciado por el doctor Kinsey y, "en mala hora, impulsado por mujeres liberadas y por rebeldes LGBT pervertidos o desubicados".

En la concepción doctrinal de algunos credos religiosos la ideología de género constituye pecado o herejía.

3.6 Sexualidad y relaciones sexuales en este modelo

En la percepción del modelo binario la sexualidad es un tabú en muchas sociedades. Los individuos la pueden practicar pero con el debido acatamiento a normas morales, sociales y jurídicas rigurosamente preestablecidas.

Relaciones sexuales: el modelo binario impone que la función y el objeto natural de las relaciones sexuales es la procreación. No obstante, en gran parte de las sociedades binarias las relaciones sexuales son toleradas a título de placer siempre que ocurran entre un hombre y una mujer.

En otros colectivos las relaciones sexuales placenteras solo son legítimas bajo el velo del vínculo matrimonial.

Relaciones de pareja: son admisibles las relaciones de pareja entre un hombre y una mujer únicamente. Otras relaciones eróticas o sentimentales no binarias son consideradas «contra natura», ilegítimas, pecaminosas, herejes, inmorales, perversas, degradantes, etc.

3.7 Modelo binario es contrario a la diversidad sexual

Bajo este modelo la diversidad sexual no existe como tal porque sería contraria a la dualidad convencional.

Los procesos biológicos no binarios (por ejemplo androginia y transexualidad) son calificados de antinaturales o patológicos, cuando no son vistos como "castigos" o "maldiciones". → intersexualidad.

3.8 La población LGBT es una minoría marginal

Bajo este modelo la población LGBT afronta el estigma de minoría marginal transgresora de normas y roles sociales convencionales. Por tal motivo está abocada al rechazo, desprecio y persecución por parte de las mayorías heterosexuales.

En muchas sociedades ser persona LGBT es delito que se penaliza rigurosamente, en ciertos países con la pena de muerte. En otras, a las personas LGBT se les tolera a regañadientes siempre y cuando no extralimiten su visibilidad. ⇓ "reluctantly"

3.9 Estado y sociedad privilegian la heterosexualidad

- *Papel del Estado:* a la luz del modelo binario una de las funciones del Estado ha consistido tradicionalmente en proteger las relaciones hombre-mujer, salvaguardar a la familia heterosexual y rechazar toda expresión o reforma jurídica que pretenda permitir o reivindicar relaciones no heterosexuales.
  → movimiento en México
  ↳ "intend"   "legal" Frente nacional por la familia

- *Papel de la sociedad:* conforme al modelo binario toda sociedad «decente» deberá rechazar las costumbres y expresiones diferentes a la heterosexual.

- *Libertad sexual:* la libertad sexual no debiera existir. Por esto, ha sido intervenida y limitada por principios, normas jurídicas y roles sociales preestablecidos de espíritu heterosexual.

- *Derechos:* En el orden jurídico convencional los derechos individuales y colectivos están diseñados en favor de la sexualidad binaria heterosexual.

Quienes se aparten del binarismo están abocados a carecer de derechos o, en el mejor de los casos, a disfrutar de derechos restringidos y condicionados.

- *Expresiones culturales:* las expresiones culturales de contenido sexual apenas son legítimas cuando se realizan dentro de los parámetros binarios. Las demás son rechazadas en general como degradantes, inmorales o desbordadas.

3.10 Violencia de género bajo el modelo binario

La violencia de género es propia del binarismo. Es una consecuencia del heterosexismo, de los roles de género y de la heteronormatividad.

La violencia de género se ejercita a través de agresiones físicas o psicológicas contra personas o grupos de personas, especialmente contra mujeres, niños, niñas, adolescentes y no heterosexuales por motivos relacionados con sexo biológico, género u orientación sexual.

La violencia de género tiene origen y se sustenta en el heterosexismo promovido por estamentos de poder ideológico, religioso y político a que nos hemos referido antes.

Los círculos de poder, además de tener prediseñado el destino de las personas en materia sexual, también han ideologizado e institucionalizado el mito de que el sexo masculino es superior al sexo femenino. Obrando en consecuencia también han consolidado el dominio del sexo masculino sobre el sexo femenino.

Como ya hicimos notar, la violencia de género no solo se ejercita contra mujeres, niños, niñas y adolescentes sino contra lesbianas, gais, bisexuales y transgénero.

La ideología heterosexual considera a las personas LGBT como portadoras de la degradación de la sexualidad y, por eso, las victimiza mediante homofobia y discriminación.

→ "carriers of degradation"

La violencia de género se materializa a través de agresiones físicas y psicológicas, estigmatización, amenazas, marginación, ataques sexuales, trata de personas, humillaciones, explotación laboral, acoso laboral, discriminación o persecución abiertamente homofóbica.

La violencia de género proviene de todo tipo de actores: instituciones estatales, religiosas, familiares y educativas, vecinos, compañeros de estudio y de trabajo y hasta miembros de la propia familia (violencia intrafamiliar).

3.11 La imposición del binarismo se atenúa

En muchos países algunos presupuestos binarios han dejado de ser absolutos y, poco a poco, sufren modificaciones hacia la tolerancia aunque sin exceder el patrón binario o excediéndolo moderadamente.

En algunos Estados el binarismo está cediendo o ya ha cedido espacio al modelo diverso y, por lo tanto, a la autodeterminación en la cuestión sexual.

Lo que mi meta es: destrozar la heteronormatividad, y el modelo binario

CAPÍTULO 4
PERCEPCIÓN DE LA SEXUALIDAD SEGÚN EL MODELO DIVERSO

4.1 Modelo diverso de percepción de la sexualidad

Contrario al modelo binario, el modelo diverso de percepción y comprensión de la sexualidad es por definición amplio.

Del modelo diverso se pueden advertir estos caracteres:

- *Origen:* el modelo diverso siempre ha existido pero siempre ha sido marginal, con excepciones. Comenzó a visibilizarse y asumir relevancia social a raíz de algunos estudios científicos, sobre todo, después del Informe Kinsey (1948 y 1953).

4.2 Por el modelo diverso sexo y género son múltiples

Por el modelo diverso la sexualidad es múltiple porque, aunque hay sólo dos sexos desde el punto de vista biológico, también se reconocen otros procesos biológicos que originan otras condiciones sexuales biológicas diferentes a las condiciones hombre-mujer: por ejemplo, la intersexualidad.

- *Género:* en el modelo diverso la noción género es percibida como configuración del perfil socio cultural del ser humano.

El género individualiza a cada persona no necesariamente por su condición sexual hombre o mujer sino por el modo como autónomamente se percibe a sí misma o como quiere ser sin depender de roles preestablecidos.

- *Diferencias de sexo y de género:* el modelo diverso acepta la existencia de diferencias más allá de lo simplemente hombre-mujer y masculino-femenino.

A su vez, acoge el ejercicio de la libertad de las personas para auto atribuirse autónomamente diferencias de género.

- *Roles de género:* bajo el modelo diverso no operan los roles de género impositivos en cuestiones sexuales.

Nadie está obligado a ser hombre o mujer ni a ser masculino o femenina ni a pensar ni actuar por imposición de otros en relación con su sexualidad.

- *Identidad de género:* al amparo del modelo diverso la identidad de género es la convicción o sentido de pertenencia de cada individuo hacia una u otra orientación sexual o de género, emanada de su propia voluntad.

La identidad de género es uno de los derechos más sentidos de los seres humanos porque en ella están subsumidos algunos de sus más caros derechos fundamentales: libertad, autodeterminación, desarrollo de la personalidad, dignidad, intimidad e igualdad, entre otros.

- *Ideología de género:* el modelo diverso promueve el respeto a ciertos derechos específicos como los de conciencia, pensamiento, opinión, expresión, libertad de cultos, etc.

Por tanto, la ideología de género que implica pensar de uno u otro modo en cuestiones sexuales también subsume en sí misma un conjunto de derechos que las demás personas y las instituciones están obligadas a respetar.

4.3 Autonomía de la sexualidad y de las relaciones sexuales en el modelo diverso

- *Sexualidad:* al amparo del modelo diverso la sexualidad se asume como un conjunto de condiciones biológicas y de género que contemplan no sólo la procreación sino el placer y la plenitud de cada individuo en materia sexual, en un ámbito de libertad y autodeterminación respecto del cual ningún extraño tiene derecho a intervenir ni a prejuzgar ni a juzgar.

- *Relaciones sexuales:* cada individuo tiene el derecho personalísimo a practicar las relaciones sexuales, sean heterosexuales u homosexuales, como lo desee individualmente o como lo acuerde libremente con su pareja siempre que no se afecten o amenacen los derechos de los demás.

La sexualidad es un asunto privativo de cada individuo, que no tiene por qué ser normativizado colectivamente ni perseguido ni juzgado por extraños o por el Estado, salvo en casos regulados de transgresión a los derechos ajenos.

Cada hombre y cada mujer es libre de disponer de su propio cuerpo como le parezca sin injerencias ni juicios de valor ofensivos por parte de las demás personas.

- *Relaciones de pareja:* en el escenario del modelo diverso, cada individuo es libre de formar pareja con quien decida, sea de su mismo sexo o género o de sexo o género diferente. Las relaciones de pareja son una cuestión privada que sólo le corresponde resolver a los dos integrantes de la pareja.

4.4 Diversidad sexual en condiciones de libertad

- *Diversidad sexual y diversidad de géneros:* precisamente en el modelo diverso es donde se activa y dinamiza el ejercicio de la libertad sobre diversidad sexual e identidad de géneros.

Aquí cabe plenamente la noción de diversidad en materia sexual y, como tal, es protegible jurídicamente en condiciones de igualdad para todas las personas.

Cada individuo debe tener libertad para optar por la orientación sexual que le parezca, sea heterosexual u homosexual, o bien, abstenerse de practicar alguna (asexualidad).

Todas las orientaciones sexuales que no afecten los derechos ajenos deben ser respetadas por todos, la sociedad y el Estado, así no se compartan o no se comprendan ciertos principios, perfiles, expresiones o conductas de las personas diversas.

4.5 Estado reconoce la diversidad y la sociedad acepta

- *Papel del Estado:* bajo este modelo una de las funciones del Estado es proteger a todas las personas, guardando la neutralidad, sin hacer distinción por orientación sexual o de género.

El Estado no debe entrometerse en las relaciones de pareja, salvo para proteger sus derechos inherentes o para mejorar su condición o para penalizar a quienes incurren en actos de homofobia o de discriminación.

- *Papel de la sociedad:* dentro del modelo diverso la población heterosexual mayoritaria respeta y acepta las demás orientaciones sexuales, así no las comprenda o no las comparta, en consideración a que todos los seres humanos tienen derechos y deberes iguales aunque sean diversos.

- *Libertad sexual:* este modelo promueve la libertad sexual, apenas limitada por los derechos de los demás.

- *Derechos:* Aceptar el modelo diverso es aceptar incondicionalmente el espíritu de la Declaración Universal de Derechos Humanos:

Toda persona tiene los derechos y libertades proclamados en esta Declaración, sin distinción alguna de raza, color, sexo, idioma, religión, opinión política o de cualquier otra índole, origen nacional o social, posición económica, nacimiento o cualquier otra condición (Artículo 2).

Esta norma no contempla excepciones y no podría contemplarlas. Entonces, deberá admitirse por simple sentido común que la Declaración Universal incluye en iguales condiciones a todas las personas con orientaciones sexuales diferentes a la heterosexual.

- *Expresiones culturales:* todas las personas tienen derecho a participar en las expresiones culturales, independientemente de su orientación sexual.

4.6 Población y comunidad LGBT tienen identidad

- *Población LGBT:* es el conjunto de personas que se apartan voluntaria o involuntariamente de la orientación heterosexual: está integrada por lesbianas, gais, bisexuales y transgénero.

En todos los grupos sociales la población LGBT es minoritaria. Precisamente por esta razón es vulnerable y, por lo mismo, debe ser respetada por las mayorías y debe ser protegida por el Estado en cuanto este sector es titular de los mismos derechos de la población heterosexual. Ver 7.15

4.7 Libertad de pensamiento y opinión

Del modo como cada persona *pueda* o *quiera* percibir y entender el sexo y la sexualidad depende en alto grado su percepción y comprensión de la diversidad sexual.

Los derechos no son absolutos, vale decir, también tienen límites. Tenemos derechos pero también deberes.

Hay quienes sólo *quieren* admitir como legítimo el modelo binario. Tienen pleno derecho de hacerlo en el ejercicio de sus libertades de pensamiento, opinión y expresión.

Hay otras personas que sólo *pueden* admitir como legítimo el modelo binario porque no están en condiciones admitir otra cosa: tienen limitados sus derechos de pensamiento, opinión y expresión por motivos religiosos, ideológicos, represión o mera ignorancia por carencia de formación sexual integral.

CAPÍTULO 4 - PERCEPCIÓN DE LA SEXUALIDAD SEGÚN EL MODELO DIVERSO

Todos deberíamos tener acceso a la información y al conocimiento objetivos para tener la facultad de decidir por sí mismos por cuál de los modelos de percepción y comprensión de la sexualidad *queremos* optar.

Hay muchos otros individuos que sí pueden y sí quieren reconocer y aceptar sin dificultad el modelo diverso, así no comprendan la fundamentación de la diversidad. Ellos optarán de acuerdo con el motivo que los lleve a decidir.

Independientemente de la razón de cada uno, el resultado de optar libremente nunca es malo sino bueno: implica el reconocimiento y aceptación de los principios universales de diversidad y de igualdad.

Los seres humanos somos diversos en ser, pensar y obrar pero, precisamente por tal carácter distintivo, todos somos iguales en dignidad y en derechos.

Todo lo anterior implica, claro está, el reconocimiento y respeto espontáneo de los derechos humanos de quienes son diferentes en el orden sexual.

A instancias del modelo diverso, en muchas sociedades han venido institucionalizándose los presupuestos universales de la diversidad sexual.

Esto ocurre a través de la normatividad que permite y promueve la igualdad y el respeto de aquellas personas que han optado libremente o que, por designio de la naturaleza, han tenido que optar por apartarse de la heterosexualidad convencional. _____

CAPÍTULO 5
ORIENTACIÓN SEXUAL

5.1 Qué es la orientación sexual

La orientación sexual es la forma habitual como se manifiesta la atracción sexual hacia otra u otras personas o hacia determinadas prácticas sexuales.

En otros términos, la orientación sexual es la manera como se exterioriza el objeto de los deseos sexuales o afectivos hacia las relaciones interpersonales de carácter sexual.

El Informe Kinsey hizo saber que las personas tienen comportamientos sexuales diferentes al heterosexual más de lo que se puede percibir socialmente.

Pero el Informe no determinó si los diversos comportamientos sexuales se derivaban de tendencias o hábitos de las personas encuestadas, o sea, de sus propias orientaciones sexuales o si más bien eran conductas apenas situacionales.

Las nociones de diversidad sexual y de género nos llevan al tema de las orientaciones sexuales como factores relevantes en el desarrollo de la sexualidad en el mundo con incidencia individual, familiar, social, política, religiosa e ideológica.

Con frecuencia la expresión orientación sexual es sustituida con significado similar por otras expresiones como *orienta-*

ción de género o *identidad de género,* aunque aquí anotaremos que estas expresiones tienen significados diferentes.

5.2 Orientación sexual en Principios de Yogyakarta

El Preámbulo de los Principios de Yogyakarta de la ONU, proclamados en 2006 en la India sobre libertad sexual a la luz de los Derechos Humanos con inclusión de la población LGBT, definió la orientación sexual con estos términos:

Orientación sexual "se refiere a la capacidad de cada persona de sentir una profunda atracción emocional, afectiva y sexual por personas de un género diferente al suyo, o de su mismo género, o de más de un género, así como a la capacidad de mantener relaciones íntimas y sexuales con estas personas"[6].

5.3 Cómo se manifiesta la orientación sexual

La inclinación u orientación sexual de las personas se exterioriza de diferentes maneras: manifestaciones explícitas de amor o atracción, relaciones sexuales, modo de vestir, ademanes característicos, hábitos, intervenciones médico-quirúrgicas, entre otras expresiones.

Las inclinaciones de este tipo se canalizan en cinco orientaciones sexuales básicas: heterosexualidad, lesbianismo, homosexualidad masculina, bisexualidad y transgenerismo.

De estos modos básicos se desprenden algunas variables que hacen más compleja la cuestión de la diversidad sexual.

A partir del capítulo 8 trataremos brevemente sobre cada una de las orientaciones, inclinaciones o tendencias sexuales de mayor impacto social.

5.4 Características de la orientación sexual

La orientación sexual se distingue por estas características:

- En unos casos se manifiesta como un hecho natural, entonces se dice que la orientación sexual es una *condición*.

- En otros casos se genera en la voluntad del individuo, entonces se dice que es una *preferencia*.

- Puede dirigirse hacia personas de distinto sexo o del mismo sexo o de ambos sexos a la vez.

- Es causa y, a la vez, consecuencia del modo de pensar y de las tendencias de cada individuo en relación con su sexualidad.

- La orientación sexual es un derecho de las personas.

5.5 Por qué motivo este tema es controversial

El tema de la orientación sexual es controversial y es objeto de un gran debate global por estos motivos, entre otros:

- *Prevalece la heterosexualidad:* es prevalente la concepción histórica, ideológica y psicológica universal de que en la cuestión sexual la única opción natural, legítima y aceptable moral y socialmente es la heterosexualidad y que, por lo tanto, cualquiera otra opción es "contra natura", pecaminosa, sucia, desafiante, inmoral, indigna, pervertida, aberrante, etc.

- *Creencias y prejuicios contra quienes siguen orientaciones diferentes a la heterosexual:* circulan incontables mitos, creencias y prejuicios que mantienen y, a la vez, estimulan el rechazo a las tendencias sexuales diferentes a la heterosexualidad convencional.

- *Homofobia:* las creencias y prejuicios propiciados y estimulados desde los círculos de poder religioso, político, ideológico y social se expresan en opiniones y acciones individuales y colectivas contra quienes exteriorizan orientaciones sexuales distintas a la convencional.

El rechazo heterosexual a las personas de orientación sexual distinta se manifiesta en forma de odio, burlas, desprecio, persecución, *bullying* o matoneo, discriminación y otras expresiones de hostilidad e intolerancia conocidas como *homofobia*.

- *Persiste la criminalización de la diversidad sexual:* todavía hay numerosos regímenes jurídicos que persisten en imponer la homofobia oficial estigmatizando institucionalmente y criminalizando las orientaciones sexuales que se aparten de la heterosexualidad.

Así es como todavía hay países donde se castiga la diversidad sexual con la muerte o con penas crueles y degradantes mientras, en otros, persiste la indiferencia estatal por las expresiones sociales de odio, persecución y discriminación contra los ciudadanos de orientación sexual diversa.

- *Se extiende el debate sobre la diversidad sexual:* actualmente ya es bastante visible la problemática de la diversidad sexual. Esto porque hay abierto un debate público internacional permanente contra la vulneración injustificada de los derechos humanos de este sector social.

- *El mundo está reaccionando contra la homofobia:* de años atrás se ha venido intensificando en el mundo occidental una reacción pacífica de numerosos movimientos sociales y organizaciones de derechos humanos hacia la reivindicación de los derechos de las personas que integran la población LGBT.

- *Se avanza hacia el reconocimiento de los derechos sexuales:* la lucha y los debates públicos representan un gran avance hacia el reconocimiento de la igualdad para todos los seres humanos con independencia de su orientación sexual.

Es favorable que actualmente la lucha de las comunidades LGBT por sus derechos humanos está siendo reforzada con el apoyo de las Naciones Unidas (ONU) y de numerosas entidades internacionales y nacionales, públicas y privadas no LGBT.

A esta causa se están adhiriendo normativamente muchos Estados progresistas que han izado el emblema de que todos los seres humanos son titulares de los mismos derechos con independencia de su orientación sexual y de su modo de pensar y de actuar frente a la sexualidad.

Al amparo de procesos democráticos, numerosos Estados han ajustado sus Constituciones y leyes al reconocimiento de los derechos civiles de la población LGBT. En algunos países, estos avances han sido parciales, en otros, de manera plena.

Lo expuesto permite pensar que luego de un recorrido histórico de vicisitudes (estigma, persecución, discriminación, criminalización), la libertad sexual y de género avanza favorablemente, más que a la tolerancia y aceptación, al respeto por los derechos de las minorías sexuales.

5.6 La orientación sexual es un derecho

Desde el punto de vista jurídico la orientación sexual es un derecho que protege el bien jurídico de la sexualidad.

Por sí misma, la orientación sexual es uno de los derechos humanos reconocidos universalmente.

Cada individuo es titular del derecho a la orientación sexual desde el momento de nacer porque se trata de un derecho natural o innato o consustancial del ser humano.

Es un derecho no exclusivo de las personas heterosexuales sino de todos los seres humanos, incluidos homosexuales, bisexuales, transexuales, intersexuales, andróginos, queer, etc.

5.7 Alcance del derecho de orientación sexual

La orientación es un derecho de orden genérico que se desdobla en otros derechos humanos fundamentales específicos como los de libertad, libre desarrollo de la personalidad, igualdad, dignidad, intimidad, entre otros. Veamos:

- *Libertad:* a la luz del Derecho Internacional Humanitario toda persona es libre de obrar libremente en materia sexual siempre que no infrinja la ley ni los derechos de los demás.

- *Libre desarrollo de la personalidad:* cada miembro de la sociedad tiene la facultad de elegir sus opciones de vida incluidas las opciones sexuales.

Esta facultad implica la posibilidad de cada individuo de guiarse por una orientación sexual determinada y de asumir la identidad de género que desee, sea heterosexual, homosexual, bisexual o transgénero o simplemente no inclinarse por alguna.

La opción sexual debe ser autónoma y privativa, vale decir, no debe depender de la voluntad de otros ni generarle al individuo persecución o discriminación por quienes se crean con derecho a no compartir su decisión o su comportamiento.

- *Igualdad:* todas las personas son iguales ante la ley, por lo tanto, es ilegítimo todo acto de discriminación o de agresión por causa de la orientación sexual.

- *Intimidad:* el individuo es titular del derecho personalísimo sobre su espacio íntimo y privado y, por tanto, debe ser protegido contra la intromisión y el juzgamiento de otros.

Estos principios universales, entre otros, deben llevarse a la práctica para garantizar que todas las personas heterosexuales, homosexuales o transgénero reciban un trato igualitario, digno, respetuoso y tolerante.

5.8 Cómo se materializa este derecho

El derecho a la orientación sexual se desdobla en derechos concretos entre los cuales podemos destacar los siguientes:

- Derecho a ser heterosexual, homosexual, transgénero o de cualquiera otra orientación sexual o de género por decisión personal, autónoma y privada.

- Derecho a hacer pública la orientación sexual o, por el contrario, a mantenerla en secreto.

- Derecho a realizar prácticas sexuales íntimas unipersonales o interpersonales siempre que sean consentidas mutuamente y no afecten o amenacen los derechos de otras personas.

- Derecho a pertenecer a organizaciones de género o de orientación sexual siempre que sean legales o legítimas y busquen objetivos colectivos lícitos.

- Derecho a no ser sometido a discriminación, persecución, burlas, desprecio u otro tipo de comportamientos homofóbicos por parte del Estado, de la colectividad o de otros individuos.

- Derecho al respeto por la dignidad personal con independencia de la orientación sexual que el individuo manifieste o declare.

- Derecho de toda persona a tener una relación ocasional o hacer vida marital permanente con quien le parezca siempre y cuando ello suceda con pleno consentimiento de su pareja sexual y que ambos tengan capacidad legal para decidir.

- Derecho a no ser molestado ni discriminado en los ámbitos social, religioso, político, laboral, familiar o cultural por causa de una orientación sexual determinada.

5.9 Limitaciones del derecho de orientación sexual

El derecho a la orientación sexual es personalísimo e individual y pertenece naturalmente al fuero interno de la persona.

Pero, por la misma razón, deberá ejercitarse sin afectar o amenazar los derechos de los demás.

Esto significa que tanto para heterosexuales como para homosexuales existen obvias limitaciones como estas:

- Las prácticas sexuales deben ser privadas.

- Las prácticas sexuales no deben vincular a niños, niñas ni adolescentes ni ejercitarse en presencia de éstos.

- No se debe incitar u obligar a otro a seguir una orientación sexual determinada o a privarse de aquella por la que se sienta inclinado por decisión propia.

5.10 Diversidad de orientaciones sexuales

Lo usual es que en la cuestión sexual la persona se incline hacia otra persona de sexo distinto (heterosexualidad) porque esto es lo tradicional, lo convencional y, para muchos, lo natural y legítimo (heteronormatividad).

Sin embargo, muchas personas sienten inclinación erótica o afectiva hacia individuos de su mismo sexo (homosexuales).

Otras personas sienten inclinación indistintamente hacia individuos de uno y otro sexo (bisexuales).

Mientras tanto, hay personas que sienten pertenecer al sexo diferente al que les correspondió genéticamente (transexuales).

También hay personas que presentan características biológicas de los sexos femenino y masculino simultáneamente (intersexuales).

Además, hay individuos que se abstienen de manifestar sus tendencias sexuales o son indiferentes a la sexualidad. Estos también hacen parte de la noción de diversidad en el campo sexual (asexuales).

De estas personas con los perfiles así enunciados se predica que tienen orientaciones sexuales específicas y distintivas y por eso integran la noción de diversidad sexual y de género.

5.11 ¿La orientación sexual es elegible?

Sobre la cuestión de si las personas siguen una orientación sexual o de género determinada por su propia elección o si son así genéticamente, o sea, independientemente de su voluntad, circulan dos teorías básicas:

Primera teoría, la orientación sexual sí es elegible: sostiene que la orientación sexual es elegible, en unos casos, porque es una «desviación voluntaria» y, en otros, porque es una «preferencia» (capricho o adicción, según algunos).

Con base en esta teoría la «desviación» o la «preferencia» pueden ser «corregidas».

De hecho en algunos países hay centros para realizar tratamientos de «corrección», lo que en numerosos Estados pluralistas está prohibido y las organizaciones de derechos humanos y asociaciones LGBT rechazan por considerarlos una interferencia abusiva de la libertad sexual.

Segunda teoría, la orientación sexual no es elegible: porque se trata de una convicción íntima de atracción que surge espontáneamente como sucede con el amor, enamoramiento, afecto y otros sentimientos que no dependen primigeniamente de la decisión personal.

Por tanto, bajo esta teoría la orientación sexual no es elegible per se, sin perjuicio de que las personas ejerzan su libertad de tomar cualquier decisión al respecto.

Para efectos jurídicos y de reconocimiento y definición de los derechos sexuales, los ordenamientos estatales que optan por reconocer el derecho a la orientación sexual no se ocupan en reglamentar parámetros diferenciadores con respecto a si la orientación sexual es *condición* involuntaria o si es una *preferencia* con el fin de establecer categorías de derechos sexuales, lo cual resultaría contradictorio y discriminador.

En cualquier caso la orientación sexual es un derecho, uno de los derechos humanos universalmente reconocidos independientemente de su origen o de su causa y sin que importe si se trata de una *condición* innata o de una *preferencia* adquirida.

———

CAPÍTULO 6
DIVERSIDAD SEXUAL
Y DIVERSIDAD DE GÉNERO

6.1 Diversidad sexual

En general, se habla de diversidad sexual para hacer referencia a la multiplicidad de manifestaciones de la sexualidad en los ámbitos fisiológico, psicológico, ideológico, sociológico, político, cultural, educativo, etc.

Sin embargo, los estudiosos del tema tienden a hacer distinción entre una *diversidad sexual* desde el punto de vista biológico y una diversidad sexual no biológica sino de construcción social que denominan *diversidad de género*.

Según lo anterior, la diversidad sexual es la variedad de procesos sexuales biológicos o genéticos, no sólo el binario.

La diversidad sexual implica la existencia de varios fenómenos fisiológico-sexuales como parte de las condiciones masculina y femenina, que no se limitan al simple desarrollo de pene y vagina ni a la mera posibilidad de procrear.

Aun con escasa difusión científica, ya es evidente el desarrollo de otros procesos biológicos intersexuales que tienen trascendencia individual, familiar y social y, por consiguiente, son parte de concepto de diversidad sexual en el campo socio jurídico, precisamente de lo que trata parte del presente estudio.

Si bien, aquí contraemos la noción de *diversidad sexual* al proceso biológico en sí, la expresión también es utilizada para hacer referencia genérica a la multiplicidad de elementos que configuran la problemática sexual tanto en el aspecto biológico como en el aspecto de la *diversidad de géneros* en el campo de la construcción social.

Sobre la evolución del concepto de diversidad sexual como una realidad social cada día más aceptada, el conocido psicoanalisa argentino Carlos Alberto Barzani ha dicho:

«En relación con la diversidad sexual se ha arribado a muy diversas conclusiones de acuerdo a los distintos recorridos y posturas filosóficas.

«Desde la más acérrima condena moral -llegando en muchos casos a castigarse con la muerte- pasando por un rotundo e irracional rechazo o por la psicopatologización hasta el reconocimiento y aceptación de que hay tantas formas de sexualidad como sujetos» (Barzani 1).

6.2 ¿Se justifica o no la diversidad sexual?

De la diversidad sexual no se puede predicar que se justifica o que no se justifica porque es un hecho natural. Pensar lo contrario sería como sostener que, según algunos, la lluvia se justifica pero, según otros, la lluvia no se justifica.

Hay diversidad sexual, querámoslo o no, aunque haya homófonos fundamentalistas que aseguren que «la lluvia no existe» y que la diversidad sexual tampoco porque sólo existe la «no lluvia» y sólo existe el modelo binario hombre-mujer.

En el mundo entero se muestra un hecho material incuestionable: existen individuos diversos en el ámbito sexual: heterosexuales, homosexuales, bisexuales, transexuales, intersexuales, andróginos, asexuales, etc.

Finalmente, de tal realidad material no se puede decir que se justifica o que no se justifica ya que no es producto de la creación humana sino de la propia naturaleza.

6.3 Diversidad de género

La diversidad de género o de géneros es la forma múltiple o compleja como los seres humanos perciben y viven la sexualidad más allá del sexo biológico que los caracteriza como hombres y mujeres.

Siendo diversos genéticamente, los individuos también son diversos en el modo de percibir y de experimentar la sexualidad. Es lo que se denomina *diversidad de género*.

La diversidad de género responde a un proceso vital que excede la diversidad sexual biológica y la relación erótica en cuanto proyecta otras connotaciones personales y sociales.

La diversidad de género rebasa el modelo binario hombre-mujer para reconocer variadas maneras de manifestación o interrelación sexual e interpersonal:

- hombre-mujer (heterosexualidad)
- hombre-hombre (homosexualidad)
- mujer-mujer (lesbianismo)
- hombre-mujer-hombre (bisexualidad)

- mujer-hombre-mujer (bisexualidad)
- mujer en cuerpo de hombre (transexualidad)
- hombre en cuerpo de mujer (transexualidad)
- hombre y mujer genéticamente (intersexualidad)
- hombre o mujer exteriormente (androginia)
- ni hombre ni mujer (tercer género)
- indiferencia frente al sexo (asexualidad)

En otros términos, la diversidad de género se refiere a las distintas formas como las personas experimentan, conducen, proyectan y manifiestan su sexualidad, procesos genéticos, deseos eróticos, emociones y sentimientos afectivos.

En suma, la diversidad de género integra los distintos modos de desarrollarse, pensar, sentir y actuar de las personas en materia sexual, múltiples factores e ingredientes que inciden en la cotidianidad del individuo, en su familia, en su entorno y en la colectividad.

6.4 Cómo se explica la diversidad de género

La realidad de la diversidad de género (y, claro está, también de la diversidad sexual) se explica en la diversidad del universo. Los seres vivientes y los seres inertes no son idénticos sino diversos.

Los seres humanos tenemos rasgos y caracteres comunes en tanto especie. Pero también diferencias por multiplicidad de factores: sexo, raza, color de piel, color de cabello, estatura, contextura, origen geográfico, religión, ideología, modo de pensar y de actuar, religión, entre muchos otros y, claro está, en la manera de pensar y de obrar en el campo sexual.

Hay diversidad en el modo de percibir la sexualidad, de pensar y de actuar en materia sexual: unos seres humanos, la mayoría, perciben la sexualidad dentro del modelo binario hombre-mujer, pero otros no lo perciben en la misma forma y por eso se habla de la diversidad de género.

6.5 Cómo se exterioriza la diversidad sexual y de género

La diversidad sexual y de géneros se exterioriza o visibiliza, precisamente, en la existencia de las diversas tendencias o inclinaciones externas de las personas frente a la sexualidad o, dicho ya en lenguaje jurídico: en las distintas formas que toma la orientación sexual: heterosexualidad, homosexualidad, bisexualidad, transgenerismo, androginia, tercer sexo, asexualidad, etc. Veamos algo más:

Lo usual es que en la cuestión sexual la persona se incline hacia otra persona de sexo distinto porque esto es lo tradicional, lo convencional y, para muchos, lo único natural y legítimo (heterosexualidad).

Sin embargo, muchas personas sienten atracción o inclinación erótica o afectiva hacia individuos de su mismo sexo como algo natural, aunque otras veces puede generarse en la propia voluntad o decisión (homosexuales).

Otras personas sienten inclinación indistintamente hacia individuos de uno y otro sexo como algo natural o por decisión personal (bisexuales).

Mientras tanto hay personas que sienten naturalmente pertenecer al sexo diferente al que les correspondió genéticamente. Aquí no juega la voluntad humana sino la naturaleza (transexuales).

Hay personas con características biológicas de los sexos femenino y masculino simultáneamente (intersexuales).

Además, hay individuos que se abstienen de manifestar sus tendencias sexuales o son indiferentes a la sexualidad. Estos también hacen parte de la noción de diversidad en el campo sexual (asexuales).

De todas estas personas que integran la especie humana con los distintos perfiles enunciados se predica que tienen orientaciones sexuales distintas y por eso todas ellas comprenden la noción de diversidad sexual y diversidad de género.

6.6 Informe Kinsey sobre diversidad de género

La noción de *diversidad de género* comenzó a hacerse visible gracias al llamado Informe Kinsey publicado en 1948 y 1953. Pero en aquél entonces no fue utilizada dicha expresión.

Alfred C. Kinsey y Wardell Pomeroy publicaron los libros *Comportamiento sexual del hombre* (1948) y *Comportamiento sexual de la mujer* (1953), como resultado de una investigación sobre la conducta sexual de las personas. Ambos escritos son conocidos como Informe Kinsey.

En una época en que todavía era prohibitivo tratar abiertamente sobre la sexualidad, la propuesta de Kinsey y Pomeroy consistió en preguntar discretamente a un grupo amplio de hombres y mujeres (20.000) sobre su comportamiento sexual.

La respuesta de más impacto fue esta: un alto porcentaje de personas consultadas tenía prácticas sexuales que entonces se consideraban inmorales o depravadas como masturbación (femenina o masculina), homosexualidad, bisexualidad y precocidad sexual, principalmente.

Según el Informe Kinsey, el 60% de los hombres y el 33% de las mujeres había participado desde la edad de 16 años en por lo menos una práctica homosexual. El 30% de los hombres había alcanzado el orgasmo en prácticas homosexuales.

A partir de la noción de heterosexualidad total, se estableció una escala de siete grados que iban desde la heterosexualidad total hasta la homosexualidad total, pasando por cinco grados de bisexualidad.

Según el Informe Kinsey, más que una polarización entre heterosexuales, homosexuales y bisexuales, la orientación sexual es un sucesivo proceso heterosexualidad - homosexualidad que, desde una escala "0" de preferencia exclusivamente heterosexual va hacia una escala "6" de preferencia exclusivamente homosexual.

Los cálculos señalaron que "aproximadamente el 46% de hombres encuestados había "reaccionado" sexualmente ante personas de ambos sexos como adultos y el 37% había tenido al menos una experiencia y respuesta homosexual".

El Informe Kinsey también expuso que el 11.6% de los hombres blancos encuestados con edades entre 20 y 35 años habían sido valorados con el valor de 3 en la escala. Es decir, habían tenido experiencias y respuestas tanto heterosexuales como homosexuales durante toda su vida adulta.

El estudio también concluyó que el 10% de los hombres estadounidenses entre 16 y 55 años de edad que fueron encuestados habían sido "más o menos" exclusivamente homosexuales durante por lo menos 3 años" (estuvieron en el rango 5 o 6 de la escala heterosexualidad-homosexualidad).

Se encontró que el 7% de las mujeres encuestadas solteras y el 4% de las mujeres en plan de matrimonio, con edades entre 20 y 35 años, por ese período de sus vidas fueron categorizadas con valor 3 en la escala heterosexualidad-homosexualidad (tenían igualmente experiencias y respuestas heterosexuales como homosexuales).

Del 2 al 6% de las mujeres entre 20 y 35 años eran "más o menos" exclusivamente homosexuales, y del 1 al 3% de las mujeres no casadas cuya edad iba desde los 20 a los 35 años tenían exclusivamente respuestas y experiencias homosexuales.

Apartes del Informe Kinsey han sido utilizados para sustentar la teoría de que el 10% de la población mundial es homosexual.

Finalmente, el Informe Kinsey concluyo con porcentajes específicos que gran parte de la población era bisexual en mayor o menor grado.

La metodología de la selección y la muestra parcial en la elaboración de los reportes fueron objeto de críticas desde la academia: especialmente por la significativa porción de muestras que provenían de personas recluidas en cárceles y de prostitutas y prostitutos que participaron.

También fue objeto de crítica el hecho de que las personas encuestadas se habían ofrecido voluntariamente para ser entrevistadas sobre temas tabú, por lo cual la metodología de selección hizo que el estudio dejara dudas.

El Comité de la Asociación Estadounidense de Estadística y algunos notables estadísticos como John Tukey, de Massachusetts, rechazaron el procedimiento de muestreo.

Tukey dijo: "una muestra al azar de tres personas hubiera sido para el Sr. Kinsey mejor que un grupo de 300 elegidas"[7].

Como haya sido, de todas maneras el Informe Kinsey dio pie para comenzar a revaluar el modelo binario único y abrió espacio a otros estudios que han venido justificando cada vez más el concepto de diversidad sexual.

6.7 Rol de género y diferencias de género son modificables

Por ser de orden natural el sexo biológico es inmodificable (salvo parcialmente, como en los casos de reasignación sexual).

En cambio, el género y las diferencias de género sí son modificables debido a que provienen de la construcción social, vale decir, porque son ideas y acciones de creación humana.

6.8 Ideología de género

La ideología de género emergió en respuesta a la tiranía que representan los roles de género y la violencia de género especialmente contra mujeres, niños y población LGBT.

La ideología de género es una forma conceptual de enfrentar el problema de dominación, inequidad y violencia de género que proyectan los roles de género y la heteronormatividad.

En la IV Conferencia Mundial de las Naciones Unidas sobre la Mujer, realizada en septiembre de 1995 en Pekín, fue lanzada oficialmente la teoría de una nueva "perspectiva de género" que consiste básicamente en proclamar que la diferencia de sexo no tiene por qué ser fundamento de una clasificación leonina o ventajosa entre hombres y mujeres[8].

En la cumbre la exdiputada del Congreso de Estados Unidos, Bella Abzug, interpretó la "nueva perspectiva de género" así: "El sentido del término género ha evolucionado, diferenciándose de la palabra sexo para expresar la realidad de que la situación y los roles de la mujer y del hombre son construcciones sociales sujetas a cambio".

Para los defensores de la nueva perspectiva de género "no existe un hombre natural o una mujer natural, no hay conjunción de características o de una conducta exclusiva de un solo sexo, ni siquiera en la vida psíquica".

Así, "la inexistencia de una esencia femenina o masculina nos permite rechazar la supuesta superioridad de uno u otro sexo y cuestionar en lo posible si existe una forma natural de sexualidad humana"[9].

En los últimos años el pensamiento ha evolucionado propositivamente hacia la idea colectiva de que la imposición ideológica, religiosa, política y social de los roles de género y la heteronormativad carecen de justificación.

Entre varias razones se argumenta que los roles de género atentan contra la libertad, igualdad, autodeterminación y demás derechos humanos de las personas.

Además, porque hoy es cada vez menos sostenible la filosofía patriarcal de que unos seres humanos tienen facultad para señalarle o imponer a los demás lo que es bueno o lo que es malo en materia sexual o de género y para juzgar y condenar a quienes no comparten el modo de pensar o de obrar del sector dominante en relación con la sexualidad.

Poco a poco la sociedad se orienta hacia una ideología universal en el sentido de que no hay razón legítima para que las diferencias de género y el destino del ser humano dependan de la voluntad de unos poderes religioso, ideológico y político dominantes que, además, no siempre aplican lo que imponen a los demás en materia sexual.

En conclusión, se va fortaleciendo el nuevo concepto de ideología de género como una construcción social que contradice las imposiciones de los roles de género y la heteronormatividad ancestrales.

CAPÍTULO 7
IDENTIDAD SEXUAL
E IDENTIDAD DE GÉNERO

7.1 Identidad sexual simple

Identidad, en general, define el "conjunto de rasgos propios de un individuo o de una colectividad que los caracteriza frente a los demás". O la "conciencia que una persona tiene de ser ella misma y distinta de las demás"[10].

El tema de *identidad sexual* e *identidad de género* es complejo porque, en unos casos, ambas expresiones suelen tomarse como sinónimas y, en otros, a las mismas expresiones se les atribuyen significados diferentes.

Sin pretender sentar doctrina sobre el tema, aquí nos permitimos interpretar el asunto como lo percibimos, de este modo:

Por una parte, la identidad sexual puede definirse simplemente como el conjunto de rasgos que caracterizan al hombre y a la mujer en su sexo biológico.

La identidad sexual es lo que diferencia o *identifica*, en general, a cada hombre de cada mujer y al género masculino y al género femenino frente a los demás.

Un individuo al nacer con pene se auto identifica sexualmente como hombre y cumple su rol social como persona del género masculino. En principio acusa identidad sexual de hombre y pertenece al género masculino y así lo ven los demás.

Una mujer al nacer con vagina se auto identifica sexualmente como mujer y cumple su rol social como persona del género femenino. En principio, acusa identidad sexual de mujer y pertenece al género femenino y así la ven los demás.

Lo usual es que ninguno de los dos ni quienes les rodean se pregunten: ¿por qué esto es así? Se trata simplemente de una condición que corresponde a la identidad sexual, en general.

Hasta aquí lo que hace la identidad sexual es exteriorizar la mera pertenencia a un sexo biológico determinado sin que medie alteración alguna ni conciencia ni propósito.

Bajo la noción de identidad sexual cada persona tiene su propio modo de vivir el hecho de ser mujer u hombre, su propia manera de situarse en el mundo, mostrándose tal y como es y tal como se siente y con ello generalmente no experimenta inquietud ni conflicto ni angustia:

Esto es lo normal dentro del marco del modelo binario, bajo los roles sociales convencionales y también lo es, en principio, en el marco del modelo diverso.

Dado su sexo biológico la mayor parte de los seres humanos están conformes como hombres o como mujeres, sin problema alguno con los roles sociales o con la heteronormatividad. De estas personas se dice, en general, que tienen definida su identidad sexual como hombres o como mujeres, según el caso: *identidad sexual simple*.

La cuestión de la identidad en materia sexual se hace compleja y amerita análisis en cuanto hay personas (millones de personas en el mundo) que acusan discordancia entre su sexo biológico con que nacieron y su modo de sentirse, de pensar y de actuar frente al rol social de género masculino o femenino convencional que los poderes y la sociedad han predefinido.

Es entonces cuando resulta obligado abordar el concepto de *identidad de género*, más allá de la *identidad sexual simple*.

A diferencia de la *identidad sexual simple*, la *identidad de género* exige un análisis de mayor alcance porque es el factor desde donde se ven comprometidos los derechos de las personas en el orden sexual, en particular, los de la población LGBT.

7.2 Identidad de género

Podemos definir la identidad de género como el conjunto de características sexuales distintivas de orden psico-social sobre la convicción o conciencia que cada persona tiene de su propia individualidad y de sus diferencias con las otras personas en el aspecto sexual. En otras palabras, es el *sentido de pertenencia* al propio ser sexual.

Dicho de otro modo, cada individuo tiene una identidad de género independientemente de sus características fisiológicas de mujer o de hombre, que casi siempre coinciden con éstas pero que en muchos casos no coinciden.

Lo común es que un individuo con pene se sienta hombre y tenga identidad de género masculina y que un individuo con vagina se sienta mujer y tenga identidad de género femenina.

Pero hay millones de personas en el mundo que no experimentan lo mismo que las anteriores porque acusan otras características fisiológicas, psicológicas u otros modos de pensar y de actuar en relación con la sexualidad.

7.3 Identidad de género en Principios de Yogyakarta

En el Preámbulo de los Principios de Yogyakarta se define la identidad de género en estos términos:

"La 'identidad de género' se refiere a la vivencia interna e individual del género tal como cada persona la siente profundamente, la cual podría corresponder o no con el sexo asignado al momento del nacimiento, incluyendo la vivencia personal del cuerpo (que podría involucrar la modificación de la apariencia o la función corporal a través de medios médicos, quirúrgicos o de otra índole, siempre que la misma sea libremente escogida) y otras expresiones de género, incluyendo la vestimenta, el modo de hablar y los modales"[12].

7.4 Cisgénero

Con la palabra *cisgénero* se hace referencia los individuos cuya identidad de género coincide con su sexo biológico y, en tal virtud, obedecen sin problemas a la heteronormatividad y se comportan de acuerdo con los roles de género masculino o femenino convencionales.

En otro sentido, en los estudios de género se denomina *cisgénero* a los individuos que son contrarios a los transexuales.

7.5 Cómo se forma la identidad de género

En el siglo XX algunos expertos comenzaron a sostener que la convicción sexual o sentido de pertenencia a una orientación sexual, o sea, la identidad de género, no emana exclusivamente de la condición biológica sino de un proceso complejo de formación genética complementada con la formación social.

Según este criterio la condición sexual opera desde la concepción biológica. Se va conformando durante la gestación y el nacimiento y se fija durante la niñez y la juventud hasta consolidar una identidad de género que, por lo regular, se mantiene inmodificable por el resto de la vida.

Pero más allá del fenómeno psicofisiológico la identidad de género se consolida bajo una doble percepción:

- Primera, la percepción que cada individuo tiene sobre sí mismo acerca de su condición sexual de hombre o de mujer frente al género con el que se siente identificado en su forma de ser, de pensar y de actuar.

- Segunda, la percepción que tienen de él quienes interactúan y le rodean de modo ocasional o permanente.

Lo notorio en este aspecto es que en la era contemporánea crece la cantidad de personas que ven de otra manera la convención y ya no acusan problema con la discordancia entre su sexo biológico y el género a que desean pertenecer: hombre, mujer, hombre y mujer, ni hombre ni mujer, homosexual, bisexual, transgénero, etc. Esto es lo que inquieta a los credos religiosos y a otros sectores tradicionales.

Hay personas que asumen su condición sexual de manera natural: piensan y se comportan como se sienten y lo desean, es decir, han asumido plenamente su identidad de género.

Lo contrario a la identidad de género es la *disforia de género*.

7.6 Disforia de género

Disforia significa desacuerdo, disconformidad o malestar con alguna cosa o alguna condición.

Entonces, la disforia de género es la disconformidad o desacuerdo entre el sexo biológico y la identidad de género.
Dicho de otro modo, disforia es el desacuerdo que una persona experimenta entre su sexo biológico de nacimiento y su modo de sentir, pensar y obrar

La disforia de género es un tema que corresponde al estudio del transgenerismo, de lo cual tratamos en otro libro.

7.7 ¿Hay diferencia entre orientación e identidad?

Sí hay diferencia: como fue definida antes, la *orientación sexual* es la inclinación natural o consentida de una persona hacia otra persona o personas de género distinto al propio o del mismo género o de más de un género, independientemente de que tal inclinación culmine en relaciones sexuales o no.

Una persona puede acusar inclinación heterosexual, homosexual o bisexual sin haber definido su identidad de género.

De hecho hay personas transexuales con diferentes orientación sexuales. Se cree que más de un 30% de la población transexual es homosexual o bisexual y la mayoría simplemente son heterosexuales pero sin saberlo.

En cambio, la identidad de género va más allá. Es una *convicción* o *sentido de pertenencia* a determinada orientación sexual, en cuyo caso, se ha superado todo conflicto entre el sexo genético a que se pertenece y la orientación o tendencia sexual que se experimenta.

Entonces, la orientación sexual es la simple inclinación sexual hacia otra u otras personas, mientras la identidad de género es la *convicción* de pertenecer a un género determinado y el pensar y actuar conforme a éste.

Finalmente, lo que configura, perfecciona y consolida la orientación sexual como una *condición* es la identidad de género como una *convicción*.

7.8 Cómo se exterioriza la identidad de género

Fuera de la simple sensación de ser hombre o mujer, la identidad de género se exterioriza de múltiples maneras: manifestación de la atracción, comportamientos, maneras de vestir, ademanes, modo de expresarse, demostraciones de afecto o desafecto, amigos, búsqueda de pareja sexual, reacciones, etc.

En circunstancias habituales el hombre tiene identidad de género como macho y así se siente, piensa y actúa (identidad sexual y de género según el modelo binario).

La mujer tiene identidad de género como fémina, así piensa y así obra (identidad sexual y de género según el modelo binario).

El modelo binario restringe la cuestión sexual a roles sociales convencionales que imponen dos sexos, hombre y mujer, y dos géneros, masculino y femenino, sin considerar lo que sienta y lo que piense cada individuo al respecto.

Así, en el modelo binario la identidad de géneros no existe como expresión de libertad ni atiende al sentir psicológico ni a la soberanía de la voluntad individual.

En muchos colectivos cuando las personas LGBT desafían el modelo binario para hacer visible su *identidad de género* como algo independiente de su *identidad sexual simple,* lo que hacen es chocar con el criterio mayoritario y exponerse a estigmatización, homofobia, discriminación y, todavía en muchos países, a un castigo legal.

Por el contrario, bajo modelo diverso se da cabida a la comprensión de la sexualidad en forma libre y amplia en la que cada individuo tiene algo que decir y puede pensar y actuar autónomamente respecto a su propia sexualidad, vale decir, se respeta y se protege su identidad de género.

En el modelo diverso, como actor sexual cada individuo es titular del derecho a pensar y actuar autónomamente y a asumir una identidad de género u otra, bien sea conforme con su sexo biológico bien sea independientemente de éste.

7.9 ¿La identidad de género es elegible?

Acerca de la cuestión sobre si la identidad de género es elegible por cada individuo, o sea, si su identidad de género puede depender de su propia voluntad, hallamos dos respuestas contrarias:

- Según la primera respuesta la identidad de género no es elegible porque es una condición innata o natural.

En este sentido se afirma que "el individuo es como es" y, por consiguiente, la identidad de género no es adoptable por voluntad propia.

- Por la segunda respuesta la identidad de género sí es elegible, tanto así, que hasta se puede corregir para adoptar la compatible con el sexo biológico o asumir una diferente.

Según esta segunda teoría la identidad de género es elegible como lo demuestran personas que, estando identificadas con determinado género, terminan identificándose con otro género o cuando adaptan su sexo biológico al sexo masculino o femenino con que se sienten psicológicamente conformes.

Con base en el mismo planteamiento, por ser una construcción social la identidad de género sí puede ser modificada por voluntad el individuo cuando asume su propio ser sexual en ejercicio de su voluntad y de su libertad personal (reasignación sexual, travestismo, dejar de ser heterosexual u homosexual por voluntad propia, etc.)

Finalmente, se dice que también hay individuos que se identifican como son, sin someterse a juicios de valor o modificaciones fisiológicas, psicológicas o de género lo cual constituye simplemente una expresión de la identidad de género propia en esas personas.

Pero, como se dijo acerca de la orientación sexual, el origen y el grado de la identidad de género podrán ser útiles para la ciencia y para la especulación pero carecen de trascendencia para efectos jurídicos.

La identidad de género es un derecho personalísimo o, sea, uno de losderechos humanos tanto si es una *condición* como si es una *preferencia* y, entonces, da igual que sea elegible o no lo sea a la luz de la ciencia y del pensamiento colectivo.

7.10 La identidad de género es un derecho

Este punto es para reiterar lo afirmado en el párrafo inmediatamente anterior.

A pesar de las diferencias relacionadas con su sexo biológico y con su género que les hace pensar, sentirse y actuar de manera diferente al sexo asignado genéticamente, los individuos guardan una característica genética común: todos tienen el mismo origen natural, todos son de la misma especie humana, es decir, todos son seres iguales por origen natural.

Si tuviéramos que atenernos sólo a los factores ideológico-religiosos desde donde se proyecta más resistencia a la diversidad de género, sería obligado admitir que todos los seres humanos, heterosexuales y no heterosexuales, son creación de

Dios. Entonces, por inferencia lógica, unos y otros son hijos de Dios e iguales ante Él.

La pregunta que de inmediato emerge aquí es: ¿Si ante Dios todos somos iguales, por qué hay tantos autodenominados hijos de Dios que no consideran hermanos a quienes son diversos y no piensan como ellos en materia sexual? Pero este es un tema que abordaremos con detalle en otro libro.

Volviendo a la identidad de género como derecho, hay que concluir que todo *hombre* puede y tiene derecho a manifestarse ante los demás con identidad de género *femenina* aunque fisiológicamente su sexo sea masculino, siempre que no afecte los derechos de los demás.

Del mismo modo, toda *mujer* puede y tiene derecho a hacerse reconocer ante los demás con identidad de género *masculina* aunque fisiológicamente su sexo sea femenino siempre que no afecte derechos ajenos.

Igualmente, una persona que en la percepción de otros es hombre o es mujer, tiene derecho a sentir y a expresar que no es lo uno ni lo otro. En consecuencia, tiene libertad de hacerse reconocer con la identidad de género que le parezca con la única limitación de no afectar los derechos de los demás.

7.11 ¿Qué decir de la identidad de género LGBT?

A diferencia de quienes tienen y muestran conformidad entre su sexo biológico y el rol de género convencional, conocidas como heterosexuales, hay otras personas que, sin atender a la heteronormatividad tradicional, tienen resuelta su identidad de género o, en otros, casos, tienen derecho a obtenerla.

Se trata de las personas lesbianas, gais (homosexuales) bisexuales y transgénero en sus distintas variables.

Lesbianas: mujeres que asumen conformidad con su sexo biológico de mujeres. Pero se oponen voluntaria o involuntariamente a la heterosexualidad convencional debido a que sienten inclinación sexual hacia otra u otras mujeres.

Gays o gais: hombres que asumen la conformidad con su sexo biológico de hombres pero se oponen voluntaria o involuntariamente a la heterosexualidad convencional debido a que sienten inclinación sexual hacia otro u otros hombres.

Bisexuales: hombres y mujeres conformes con su sexo biológico pero que se inclinan voluntaria o involuntariamente hacia personas del sexo opuesto y, a la vez, de su mismo sexo.

Transexuales hombres: hombres que sienten disconformidad entre su sexo biológico y el género masculino asignado por los roles sociales y convencionales. Por lo tanto, experimentan inclinación a pertenecer al género femenino. Al auto definirse se identifican como mujeres.

Transexuales mujeres: mujeres que sienten disconformidad entre su sexo biológico y el género femenino asignado por los roles sociales y convencionales. Sienten inclinación a pertenecer al género masculino. Al auto definirse se identifican como hombres.

CAPÍTULO 7 - IDENTIDAD SEXUAL E IDENTIDAD DE GÉNERO   85

Intersexuales: hombres o mujeres que, habiendo nacido con pene y vagina al mismo tiempo, ignoran a qué sexo pertenecen. En consecuencia, tienen pendiente la definición de su sexo y de su identidad de género.

Andróginos: hombres o mujeres que, teniendo pene o vagina, no han definido el género a que pertenecen, vale decir, no tienen definida su identidad de género o asumen una identidad de género del tercer sexo o, en otros casos, teniendo identidad de género masculina o femenina no son reconocibles por los demás de una u otra manera.

Tercer sexo: hombres o mujeres que, independientemente de su sexo biológico, se niegan a ser hombres o mujeres. Entonces, acusan identidad de género no masculina ni femenina sino una tercera ya reconocida en el mundo como tercer sexo.

Existen otras variables relacionadas con la identidad de género como gender queer, pansexualidad, bigénero y trigénero, entre otras. Por ahora, éstas no son pertinentes aquí.

7.12 Identidad de género individual

El concepto de identidad individual coincide con lo consignado en los puntos anteriores de este capítulo. Por eso es inútil extenderse aquí sobre la individualidad en materia de género.

7.13 ¿La población LGBT tiene identidad como tal?

En general, la población diversa en materia sexual es identificada con la sigla o acrónimo LGBT (lesbianas, gays, bisexuales y transgénero).

Algunas agrupaciones agregan la "I", para atribuirle representación directa a los intersexuales.

En el presente estudio hemos asumido que los intersexuales están incluidos en la variable *transgénero* («T») por lo cual utilizamos la sigla LGBT.

Hay países donde se conoce indistintamente como homosexuales a todo el conjunto de personas que no acusan la orientación heterosexual convencional.

En varios Estados de la Unión Americana a la población de personas de orientación sexual distinta a la heterosexual se le distingue con el término genérico "queer".

Población LGBT es el conjunto de personas indeterminadas que se apartan de la orientación heterosexual mayoritaria.

La expresión *población* señala a un conjunto de individuos indeterminados por lo que, en principio, no parecería acertado afirmar que la población LGBT tiene identidad como tal.

Sin embargo, podemos afirmar que desde la perspectiva socio jurídica la población LGBT tiene una identidad como tal: es una *minoría poblacional* con carácter jurídico definido. Se trata de un sector social minoritario no heterosexual que se debate en medio de una sociedad mayoritariamente heterosexual.

En el campo del Derecho la expresión *minoría* no es peyorativa ni despectiva. Por el contrario, tiene un significado político-jurídico y social que representa un valor, un bien jurídico. En general, la palabra *minoría* alude a sectores de población identificables por caracteres comunes como éstos: origen, raza, sexo, religión, ideología, orientación sexual, etc.

A la población LGTB se le identifica política y jurídicamente como *minoría*, del mismo modo que se reconoce como *minorías* a otros sectores de población definidos: afrodescendientes, gitanos, inmigrantes, indígenas, mujeres, etc.

En las constituciones y ordenamientos legales de muchos países que atienden al ideario realmente democrático y de respeto al pluralismo y a la diversidad, el término *minoría* proyecta una connotación jurídica, representativa y respetable que comprende la titularidad de todos los derechos de la población en general y, en muchos casos, derechos especiales precisamente en atención a su carácter minoritario (enfoque diferencial).

La población minoritaria LGBT se identifica por un rasgo común en todo el mundo: sus integrantes no pertenecen al modelo binario convencional en materia sexual.

Se cree que la población no heterosexual oscila entre el 6% y el 10% de la población mundial, por eso es *minoría*.

De seguro todos los países tienen minorías LGBT. Incluimos aquéllos con regímenes político-jurídicos homofóbicos ya que si son homofóbicos es, precisamente, porque entre su mayoría hoeterosexual gravita el sector poblacional que es objeto de la victimización homofóbica.

En muchos Estados totalitarios (y en algunos no tan totalitarios que se auto denominan democráticos), las minorías LGBT son estigmatizadas, marginadas, perseguidas y sometidas a vejámenes por causa de su orientación sexual o de género: mujeres, niños, niñas, adolescentes, homosexuales, transexuales, bisexuales y transgénero son víctimas de abusos por parte del poder político y de las mayorías heterosexuales.

En otra vía, hay Estados democráticos (y algunos totalitarios) donde las minorías LGBT tienen identidad como colectivos titulares de garantías y derechos específicos de protección en tanto integran población minoritaria frente a la posición dominante de mayorías heterosexuales.

De lo antes expuesto, se debe reconocer a la población LGBT no sólo como una *minoría* identificable dentro del seno social sino también como una *minoría* diversa pero, a su vez, sujeto de derechos y deberes, o sea, como un estamento social con personalidad e identidad jurídica propias.

El hecho de reconocer personalidad e identidad jurídica a la *minoría* poblacional LGTB implica para el Estado el deber de darle protección plena como *minoría* en aplicación del principio de igualdad como uno de los derechos humanos de carácter universal.

7.14 Identidad de la comunidad LGBT

Entendemos como *comunidad LGBT* al conjunto de personas que se asocian propositivamente, de manera ocasional o permanente, para promocionar y defender sus intereses y derechos comunes.

A diferencia de la *población LGBT* entendida como un conjunto de personas con rasgos comunes no heterosexuales, la *comunidad LGBT* se identifica como un colectivo que tiene rasgos comunes y que se organiza frente a objetivos específicos.

La tendencia generalizada adversa a la coexistencia con orientaciones no heterosexuales es la de negar de plano la existencia de la diversidad de género como un hecho individual y social legítimo.

Muchos Estados y colectivos sociales todavía tienden a negar y a invisibilizar a las minorías LGBT como si por hacerlo éstas dejaran de existir. En otros términos, se pretende invisibilizar la realidad social de la población LGBT.

En respuesta a semejante actitud y a los abusos de que habitualmente son víctimas, muchas personas no heterosexuales responden desafiando abiertamente a la heteronormatividad. Esto ha propiciado el surgimiento y fortalecimiento de las *comunidades LGBT*.

Las personas no heterosexuales hacen visible su condición diversa organizándose en agrupaciones o colectivos a través de los cuales reivindican sus derechos: se habla entonces de las comunidades LGBT.

Decimos comunidades, en plural, porque no hay un colectivo único de defensa en el mundo sino muchas organizaciones dispersas que promueven y defienden la causa común LGBT.

Las comunidades LGBT tienen identidad. Ésta se exterioriza por su accionar conjunto y organizado frente a objetivos comunes relacionados con su condición no heterosexual o no binaria.

La identidad de la comunidad LGBT se hace visible y se hace oír de dos maneras, especialmente:

- Primera, cuando se manifiesta *espontánea y ocasionalmente* en situaciones relacionadas con su condición, por ejemplo, en concentraciones coyunturales o culturales o para celebraciones simbólicas como en los eventos del Día del Orgullo Gay.

- Segunda, a través de *organizaciones permanentes* de personas naturales agrupadas en entidades denominadas centros, colectivos, asociaciones, corporaciones, fundaciones, etc., con reglamentación legal y con identidad reconocida oficialmente, lo que les permite promover sus objetivos comunes bajo la condición institucional de *personas jurídicas*.

La existencia como persona jurídica de una comunidad LGBT permite invocar y defender institucionalmente los derechos individuales y colectivos, empezando por el derecho a la *personalidad jurídica*, o sea, el derecho a existir y manifestar su identidad como entidad formalmente reconocida y protegida por la ley.

Debemos agregar que algunas organizaciones de este tipo rechazan el concepto de *comunidad LGBT* con el argumento de que reconocerse como "comunidad" implica asumir una posición ideológica de «auto discriminación».

No obstante esta salvedad, a través del mundo virtual es tangible la multiplicidad de organizaciones LGBT que operan y subsisten sin ocuparse en si se están auto discriminando o no.

7.15 Identidad de las parejas homosexuales

Las parejas del mismo sexo también están en condición de asumir una identidad de género especial o específica con miras a su protección legal.

La identidad de una pareja homosexual se exterioriza o visibiliza cuando dos personas del mismo sexo optan voluntariamente por unirse de modo permanente y con propósitos comunes, del mismo modo que lo hace la pareja heterosexual cuando se junta para constituir una familia.

Entonces, es cuando la identidad de la pareja del mismo sexo se activa a través de la institución de la familia al igual que ocurre con la familia heterosexual.

Si bien, muchos sectores conservadores se resisten a aceptar la condición de familia de las parejas homosexuales permanentes, el pensamiento humano contemporáneo y muchas legislaciones están evolucionando en el sentido contrario:

Cada día se incrementa el número de Estados y de personas que aceptan a las parejas del mismo sexo como familia al amparo del artículo 16 de la Declaración Universal de Derechos Humanos:

Artículo 16. 1. Los hombres y las mujeres, a partir de la edad núbil, tienen derecho, <u>sin restricción alguna</u> por motivos de raza, nacionalidad o religión, a casarse y fundar una familia, y disfrutarán de iguales derechos en cuanto al matrimonio, durante el matrimonio y en caso de disolución del matrimonio (Subrayamos).

2. Sólo mediante libre y pleno consentimiento de los futuros esposos podrá contraerse el matrimonio.

3. La familia es el elemento natural y fundamental de la sociedad y tiene derecho a la protección de la sociedad y del Estado.

Por otra parte, el Principio 24 de Yogyakarta proclama el derecho de todos los seres humanos a formar una familia, independientemente de su orientación sexual:

«Toda persona tiene el derecho a formar una familia, con independencia de su orientación sexual o identidad de género. Existen diversas configuraciones de familias. Ninguna familia puede ser sometida a discriminación basada en la orientación sexual o identidad de género de cualquiera de sus integrantes"[13].

La *identidad* como familia de una pareja homosexual debe ser reconocida colectivamente por el solo hecho de su existencia (unión de hecho).

A su vez, una pareja homosexual puede ser consagrada formalmente como familia con los mismos efectos legales de la familia heterosexual cuando *contrae matrimonio* o cuando *celebra unión civil* en aquellos Estados donde ya se han institucionalizado estas dos clases de familia cobijando a las parejas del mismo sexo.

7.16 ¿Se respeta la identidad de género en el mundo?

En gran parte del mundo no se respeta la identidad de género pero en varios Estados se están dando pasos importantes para modificar la mentalidad heterosexista y excluyente.

El respeto del derecho a la identidad de género es una de las problemáticas que se debaten actualmente a nivel global.

Hay sociedades milenarias que por múltiples razones (tradición tolerante, normatividad legal, madurez política, índole pluralista, formación cultural, etc.) aceptan la identidad de género no heterosexual como natural y aceptan que cada persona asuma su identidad y la viva con plena libertad de elegir sin llegar a ser juzgada por ello.

Citemos un ejemplo: los Hijra en India son identificados como de *tercer sexo* debido a que no acusan identidad masculina ni femenina. No obstante, perviven sin ser cuestionados ni perseguidos por la población heterosexual o por otras orientaciones. Tanto así que los Hijra son reconocidos jurídicamente en India como un *tercer sexo*.

Otro ejemplo: el de algunos países progresistas donde rigen leyes que no solo aceptan y respetan a las identidades sexuales no heterosexuales sino que penalizan el matoneo y la discriminación por orientación sexual.

Hay Estados donde se ha llegado al respeto y a la protección institucional de la diversidad de género como el resultado de procesos democráticos y legislativos pertinentes.

Esos países consagran en sus ordenamientos jurídicos la igualdad de derechos para la población heterosexual y homosexual. Así mismo, consagran y protegen la unión civil homosexual o el matrimonio entre personas del mismo sexo bajo el principio universal de reconocimiento a la diversidad.

Son países en donde va tomando o ya ha tomado arraigo el pensamiento colectivo de que todo ser humano tiene pleno derecho a disfrutar su identidad de género femenina o masculina (u otra, como la del tercer sexo) independientemente de sus características sexuales genéticas y que éste es un asunto que sólo le compete a cada individuo y no a sus vecinos ni al Estado.

Hay Estados, en cambio, donde no sólo se rechaza ideológicamente el derecho a la identidad de género sino que se ataca abierta (Arabia Saudita) o subrepticiamente (Rusia) a quienes se atrevan a identificarse como no heterosexuales.

CAPÍTULO 8
HETEROSEXUALIDAD

8.1 Definición de heterosexualidad

Es la orientación sexual de los individuos hacia las personas del género opuesto (binario hombre-mujer) y, desde luego, la práctica de las relaciones sexuales que la caracterizan.

En la heterosexualidad convencional la mujer siente atracción hacia los hombres y el hombre siente atracción hacia las mujeres y, en general, la atracción se traduce en relaciones sexuales características de la orientación heterosexual.

Se trata de la inclinación u orientación convencional o más común, la que históricamente ha sido reconocida como la forma natural de la sexualidad humana.

Por la misma razón la heterosexualidad es considerada por la mayoría de la población universal como la orientación sexual razonable y legítima.

8.2 La heterosexualidad es un derecho

La heterosexualidad es una de las orientaciones sexuales. Como tal, está revestida como uno de los derechos humanos.

El derecho a la orientación heterosexual se desdobla en otros derechos inherentes y afines como libertad sexual, intimidad, libre desarrollo de la personalidad e igualdad entre otros.

Por ser la orientación sexual convencional en el mundo no es usual que, como derecho, la heterosexualidad sea objeto de violación, desconocimiento o amenaza.

Pero de serlo en algún lugar, siempre contaría con los recursos jurídicos tradicionales para su protección inmediata, tanto en escenarios locales como internacionales.

8.3 Heteronormatividad

La heteronormatividad (algunos le dicen heteronormalidad) es el conjunto de normas y roles sociales a través de los cuales se imponen el modelo binario y la heterosexualidad como lo único válido en materia sexual.

Desde los círculos del poder milenario se fue consolidando en las costumbres sociales y en los regímenes religiosos y legales el sistema binario sexo-género bajo el cual sólo se considera legítima y única esta fórmula social:

- Genitales femeninos = identidad femenina = conducta femenina = deseo de pareja masculina.

- Genitales masculinos = identidad masculina = conducta masculina = deseo de pareja femenina.

Michael Warner define la heteronormatividad como "el conjunto de las relaciones de poder por medio del cual la sexualidad se normaliza y se reglamenta en nuestra cultura y las relaciones heterosexuales idealizadas se institucionalizan y se equiparan con lo que significa ser humano".

"La consecuencia es la creencia de que dos sexos (o géneros) existen con el objetivo de complementarse mutuamente. Así, todas las relaciones íntimas deben ser entre hombre y mujer"[14].

Para Monique Wittig, "La heteronormatividad es un proceso por el cual las instituciones y las políticas sociales refuerzan la idea o creencia de que los seres humanos están divididos en dos categorías distintas".

Según la misma Monique Wittig, la heterosexualidad es un régimen político que contiene un pensamiento ideológico ("straight" - hetero). De esta forma, "hombres y mujeres son categorías públicas que se determinan según la ideología predominante"[15].

La heteronormatividad impone la heterosexualidad como única orientación normal y admisible individual y socialmente.

En consecuencia, las demás orientaciones son rechazadas por juzgarse antinaturales, anormales y reprochables.

La heteronormatividad hace que todo el ordenamiento político, jurídico, económico, religioso, social y cultural esté concebido y funcione según el modelo binario masculino-femenino.

Por tanto, lo que se aparte del modelo binario es estigmatizado como ilegítimo, inmoral, rebelde, delictuoso, etc.

Desde su misma definición la heteronormatividad es una construcción social y cultural ya que la norma es ideada, creada, elaborada e impuesta por el ser humano a los seres humanos.

Vale decir, la sociedad es la que impone al individuo desde su nacimiento la orientación sexual hacia los individuos del género opuesto, por ser ésta en apariencia la función más obvia de la relación hombre-mujer.

Muchos comportamientos heteronormativos se imponen, formalizan y regulan por medio de las leyes. Otros, se han arraigado paulatinamente a través de costumbres, tradiciones y roles sociales explícitos e implícitos.

Los contenidos ideológicos de heteronormatividad terminan traduciéndose en institucionalidad política y conductas sociales de marginalización, persecución o invisibilidad contra quienes no se acomoden al modelo binario convencional.

Tanto así que en muchos Estados la heterosexualidad todavía es una obligación religiosa, moral y legal bajo sanciones más o menos drásticas por su desacato.

La fuerza y arraigo de la heteronormatividad conllevan la institucionalización y promoción de prejuicios contra la homosexualidad y demás orientaciones no heterosexuales, más o menos de este modo:

Los círculos de poder van estableciendo normas heterosexistas mediante la bipolaridad bueno-malo en materia sexual: señalan coercitivamente linderos entre "sexualidad legítima" y "sexualidad ilegítima", cerrando todo espacio a aquello que cada persona pueda pensar y sentir al respecto.

Así, a través de principios morales y deberes legales van imponiendo su dominio sexista sobre los derechos individuales de libertad, dignidad, privacidad, libre desarrollo de la personalidad e igualdad de los ciudadanos ante la ley.

Por su parte, la sociedad también cumple una labor: va construyendo un imaginario colectivo de apoyo a los dictados de los poderes y va creando dos categorías sexuales:

- De un lado está la categoría de quienes sí cumplen los principios de la heteronormatividad, o sea, acatan la "legitimidad sexual", que son la mayoría.

- De otro lado están las personas que con pensamientos, sentimientos y comportamientos de "sexualidad ilegítima" se resisten voluntaria o involuntariamente a seguir los lineamientos de la heteronormatividad.

Resultado: los poderes con el apoyo de gran parte de la sociedad van configurando mecanismos sistemáticos de estigmatización, odio, aislamiento, persecución y castigo o marginación contra aquellas minorías que no se adhieran a la heteronormatividad mayoritaria.

8.4 Heterosexismo

Con este término se referencia la convicción más radical o fundamentalista de la heteronormatividad.

El heterosexismo es la convicción dogmática de que la heterosexualidad es la única orientación sexual natural, legítima y socialmente aceptable. Por consiguiente, todos somos heterosexuales por naturaleza y debemos serlo siempre.

El heterosexismo es causa y a la vez consecuencia de la heteronormatividad. Para los heterosexistas sólo hay dos categorías de seres humanos:

- La *categoría heterosexual* integrada por los seres humanos buenos, sanos, dignos y limpios, que así acatan la moral y las buenas costumbres.

- Por la otra parte, la *categoría no heterosexual* conformada por una minoría de seres humanos contrahechos, malos, pervertidos, inmorales, indignos y marginales que desafían a la sociedad mayoritariamente sana.

8.5 Diferencia entre heteronormatividad y heterosexismo

A propósito, aquí se advierte una diferencia notable entre la heteronormatividad y el heterosexismo:

- La *heteronormatividad* se percibe como la ideologización e institucionalización colectiva que prioriza y legitima la orientación heterosexual.

- En tanto, el *heterosexismo* se anuncia como la concienciación dogmática y a veces fanática que promueve con extremismo la heteronormatividad y así desencadena y lidera la homofobia.

Algunos estudios, que citaremos en otra parte, han concluido que, paradójicamente, la homofobia fundamentalista de numerosos heterosexistas rabiosos se origina en su resistencia consciente o subconsciente a reconocer y manifestar su propia tendencia homosexual.

En otro ensayo traeremos algunos informes periodísticos sobre ciertos líderes de opinión que se mostraban públicamente como heterosexistas fanáticos pero que terminaron dejando en evidencia su homosexualidad, que antes ocultaban bajo sus proclamas obsesivas y sus prédicas homofóbicas. Es decir, practicaban en privado aquello que ellos mismos atacaban y rechazaban públicamente.

8.6 Androcentrismo

El término androcentrismo proviene del griego *andros* que significa hombre o varón.

Se dice de la tendencia a considerar al hombre como el eje o centro del mundo por el solo hecho de pertenecer al sexo masculino, lo que implica de por sí un heterosexismo extremo que valora con desprecio al sexo femenino.

El término *androcentrism*, fue utilizado por primera vez en 1911 por la socióloga norteamericana Charlotte Perkins Gilman en *The Man-Made World; or, Our Androcentric Culture* (*El mundo artificial o nuestra androcéntrica cultura*[16].

La obra hizo parte de una investigación sobre ciertos hábitos sociales y la problemática derivada de éstos que la misma autora definió como "androcéntricos".

8.7 La heteronormatividad y el heterosexismo niegan los derechos humanos

La heteronormatividad y el heterosexismo representan la negativa a aceptar diversidad y pluralismo en el campo sexual.

Esas concepciones significan la negación de los derechos humanos, especialmente los de libertad, dignidad e igualdad contenidos en los artículos 1 y 2 de la Declaración Universal de Derechos Humanos:

Artículo 1. Todos los seres humanos nacen libres e iguales en dignidad y derechos y, dotados como están de razón y conciencia, deben comportarse fraternalmente los unos con los otros.

Artículo 2. Toda persona tiene todos los derechos y libertades proclamados en esta Declaración, sin distinción alguna de raza, color, sexo, idioma, religión, opinión política o de cualquier otra índole, origen nacional o social, posición económica, nacimiento o cualquier otra condición...

8.8 Degradación de la heterosexualidad

Reiterando, la heterosexualidad es la orientación sexual convencional, la que practica la mayor parte de los seres humanos. Además, es un derecho humano como las demás orientaciones sexuales.

Desde su propia definición los roles sociales binarios establecen límites morales y jurídicos a las prácticas heterosexuales tanto como lo hacen frente a las prácticas homosexuales.

Por esto, más allá de la simple relación sexual binaria hombre-mujer, bajo la heteronormativad de la sociedad moderna hay modalidades heterosexuales que en algunos casos son objeto de reproche social o religioso y en otros son consideradas delictuosas.

CAPÍTULO 8 - HETEROSEXUALIDAD

Los roles sociales se refieren a algunas modalidades heterosexuales como una degradación de la actividad heterosexual porque ofenden las costumbres o las reglas jurídicas o los derechos ajenos.

Ciertas prácticas sexuales se consideran ilegítimas o inmorales sólo por su contenido homosexual pero se toleran si son de índole heterosexual.

Algunas modalidades propias de la heterosexualidad pero no necesariamente ajenas a prácticas homosexuales: sodomía, pedofilia, pederastia y violencia sexual.

Sodomía. Literalmente significa "práctica del coito anal"[17].

Es una práctica característica de la homosexualidad masculina. Sin embargo, varias encuestas han señalado que también es usual en las relaciones hombre-mujer.

La palabra *sodomía* tiene su origen en el nombre de la ciudad bíblica de Sodoma.

Intérpretes bíblicos sostienen que la destrucción de Sodoma (de donde proviene la expresión "sodomía") y Gomorra, ciudades situadas en las inmediaciones del mar Muerto, obedeció al castigo de Dios con el fuego a causa de las prácticas homosexuales de sus habitantes.

Sin embargo, de la lectura del Génesis en sus capítulos 18 y 19 donde se trata el asunto de Sodoma y Gomorra, no se puede deducir que su destrucción se hubiera producido por dicha causa porque no hay referencia directa a ello.

En varios países la sodomía es castigada penalmente cuando se practica entre varones homosexuales pero es socialmente tolerada en las relaciones heterosexuales.

Pedofilia. Es la "atracción erótica o sexual que una persona adulta experimenta hacia niños o adolescentes"[18].

Por sí sola la atracción o expresión espontánea hacia los niños (no erótica) es irreprochable. Ejemplo, caricias o besos producto del sentimiento natural de ternura que inspiran los infantes.

Lo reprochable o delictuoso lo configura la exteriorización erótica de atracción con miradas, tocamientos, caricias, palabras o comportamientos libidinosos con aprovechamiento de la vulnerabilidad infantil o adolescente.

Pederastia. Literalmente pederastia significa "abuso sexual cometido con niños"[19]. Veamos esquemáticamente estos datos:

"En su mayoría los abusadores son varones heterosexuales (entre un 80 y un 95 % de los casos) que utilizan la confianza y familiaridad o el engaño y la sorpresa como estrategias más frecuentes para someter a la víctima.

"La media de edad de la víctima ronda entre los 8 y 12 años (edades en las que se producen un tercio de todas las agresiones sexuales).

"El número de niñas que sufren abusos es entre 1, 5 y 3 veces mayor que el de niños"[20].

Hoy en casi todos los ordenamientos legales la pederastia es penalizada como delito.

Curiosa y paradójicamente la pederastia es una de las prácticas impropias más utilizadas por muchos predicadores y líderes de opinión homofóbicos. Lo muestran las noticias cotidianas sobre el tema.

Violencia sexual. La violencia sexual se da principalmente al "tener acceso carnal con alguien en contra de su voluntad o al hallarse privado o limitado de sentido o discernimiento"[21].

La violencia sexual es una agresión o acción sexual contra la voluntad o sin la voluntad de la otra persona aprovechando el género, edad, discapacidad física o mental, inconciencia, miedo, subordinación, ignorancia u otro motivo que implique indefensión frente al agresor.

También tipifican violencia sexual o abuso sexual las insinuaciones, caricias, tocamientos, comentarios o uso indebido de la sexualidad de una persona sin que medie su aceptación o se halle en estado de vulnerabilidad.

La violencia sexual no implica necesariamene uso de fuerza física. También se tipifica por coacción psíquica o moral, amenaza, chantaje u otros actos indebidos que pongan en situación de inferioridad a la otra persona para imponerle un comportamiento sexual contrario a su voluntad.

Las víctimas más propicias de violencia o abuso sexual son mujeres, niños, niñas y adolescentes dada su condición de debilidad manifiesta, no sólo física sino derivada del predominio heterosexista que es común en todo el mundo.

Es evidente que los agresores sexuales más usuales son varones. Esto no significa que no haya violencia de parte de homosexuales aunque las crónicas sobre este tipo de violencia de género no son frecuentes.

La violencia sexual puede ser *ocasional* o *recurrente.*

La violencia sexual *recurrente* no es una orientación sexual propiamente dicha, entre otras razones, porque de por sí es ilegítima mientras que la orientación sexual es legítima.

Si no deviene de sexismo arraigado, la violencia sexual recurrente podría generarse en una parafilia o en una patología psíquica que estén afectando al agresor o sujeto activo.

En las legislaciones contemporáneas la violencia sexual es penalizada como delito.

CAPÍTULO 9
HOMOSEXUALIDAD

9.1 Definición de homosexualidad

La homosexualidad es una de las orientaciones de la diversidad sexual, al mismo nivel de la heterosexualidad.

La homosexualidad se define como la tendencia, inclinación o atracción sexual, psico-erótico-afectiva, emocional o sentimental, o todas las anteriores, hacia personas del mismo sexo y hacia las prácticas no heterosexuales.

La homosexualidad presupone rechazo o aversión hacia individuos del sexo opuesto. Pero también puede ser atracción preferente hacia cierta o ciertas personas del mismo sexo.

9.2 Origen de la palabra homosexualidad

La palabra homosexualidad proviene del griego *homo*, que significa "igual" (no significado de "hombre"), y del latín *sexus* que significa "sexo".

Las expresiones homosexualidad y homosexual fueron utilizadas por primera vez en 1869 por el escritor y traductor austríaco Karl María Kertbeny en varios ensayos que publicó sobre el tema.

En sus ensayos Kertbeny impugnaba el párrafo 143 del Código Penal prusiano y el párrafo 175 del Código Penal alemán, normas legales que le atribuían a la homosexualidad el carácter de sodomía y, por lo mismo, la catalogaban como un delito[22].

Kertbeny también fue reconocido como uno de los primeros defensores públicos de los derechos humanos.

Después de Kertbeny, el psiquiatra alemán Richard Freiherr von Krafft-Erbing, en su obra *Psychopathia Sexualis* (1886) que trataba sobre las desviaciones sexuales, adoptó y generalizó la expresión *homosexualidad*[23].

Después de von Krafft-Erbing el término homosexualidad fue utilizado por muchos psiquiatras, psicólogos y médicos que ostentaban reconocimiento y autoridad en sus respectivos campos de estudio.

En el idioma inglés se utiliza un acrónimo característico para hacer referencia a las relaciones homosexuales:

"**HSH**: acrónimo utilizado para los **H**ombres que tienen **S**exo con **H**ombres. Se refiere genéricamente a conductas sexuales con personas del mismo sexo entre varones, que puede o no implicar identidad homosexual o atracción emocional"[24].

9.3 Origen de la palabra gai o gay

Gai es expresión francesa que significa alegre, festivo. *Gay* es un anglicismo con el mismo significado francés. A los homosexuales masculinos se les denomina *gai* (español) o *gay* (inglés).

En Estados Unidos fue donde comenzó a identificarse a los homosexuales con la palabra *gay* sin hacer distinción entre homosexuales masculinos y lesbianas.

Desde 1969 muchas organizaciones homosexuales comenzaron a adoptar la palabra *gay* como símbolo de su identidad colectiva para proclamar el movimiento denominado "Orgullo gay", que en español se describe más apropiadamente como "dignidad gay o gai".

9.4 Homosexualidad y homosexualismo: diferencia

Las palabras homosexualidad y homosexualismo se asumen con frecuencia como sinónimas. Sin embargo, hay criterios predominantes que les atribuyen significados distintos con apoyo en esta reflexión:

Por su terminación *ismo* la partícula sexualismo sugiere referencia a "partidario de", como si fuera una tendencia o la voluntad de promover la conducta homosexual. En este sentido al término homosexualismo se le atribuye la connotación de "preferencia" o acto de voluntad.

De otra parte, a la terminación *ismo* se le interpreta como "anomalía psíquica" sugiriendo una enfermedad mental.

En cambio a la partícula *idad* de homosexualidad se le da significado de "calidad de" para aludir a "condición o situación".

Este criterio se funda en algunas investigaciones que le otorgan a la homosexualidad el atributo de "condición" por su origen genético.

De este modo se da a entender que la homosexualidad es una situación no dependiente de la voluntad ni del capricho, o sea, no se trata de una "decisión" ni de una "preferencia".

La defensa de la acepción de "condición" o "situación" tiene que ver con la lucha de la comunidad LGBT por la reivindación de sus derechos.

Se asegura que la connotación de «condición» visibiliza mejor la *identidad de género* como opción legítima para desvirtuar el discurso homofóbico de que la homosexualidad es una manía o adición, perversión, aberración y otros señalamientos peyorativos y estigmatizadores de maldad.

9.5 Tipos de homosexualidad

A partir del sexo biológico y de los roles sociales, la homosexualidad se manifiesta de manera diferente en hombres y mujeres. Por ello se habla de homosexualidad femenina y homosexualidad masculina.

El modo como se manifiesta tal orientación nos permite observar estos tipos de homosexualidad:

- **Homosexualidad masculina.** Es la atracción y relación sexual y psicoafectiva entre hombres.

La homosexualidad masculina se exterioriza por el ejercicio de atracción y relaciones sexuales, afectivas o sentimentales entre dos hombres que carecen de atracción por el sexo opuesto o éste les genera repulsión.

La relación sexual entre hombres es la más comunmente denominada homosexualidad y a quienes la expresan o practican se les denomina homosexuales.

Hoy a los homosexuales masculinos se les reconoce también como *gay* o *gai*. No obstante, en muchos países a todos los homosexuales se les denomina *gays* o *gais* sin hacer distinción entre hombres y mujeres.

- ***Homosexualidad femenina.*** La homosexualidad femenina se reconoce por la atracción erótica o el ejercicio de relaciones sexuales, afectivas o sentimentales entre dos mujeres que carecen de atracción por personas del sexo opuesto y la buscan y encuentran en personas del mismo sexo. A estas mujeres se les conoce como lesbianas.

Homosexualidad innata. Es la que practican los homosexuales natos. Es decir quienes se sienten que nacieron con esa orientación.

Este perfil responde a una afirmación de que "los homosexuales nacen no se hacen".

Para muchos observadores la homosexualidad innata es inmodificable por tratarse de la orientación natural o consubstancial. Según esto, simplemente los individuos nacen así.

En general, los homosexuales natos se sienten desde niños plenamente identificados por su orientación aun por sobre los problemas que ello les representa frente a la homofobia y a la discriminación. Significa que tienen clara su identidad de género como algo natural en ellos.

Homosexualidad adquirida. Es la que se predica de quienes presuntamente se han convertido en homosexuales por incidencia educativa o cultural o por aprendizaje.

Decimos presuntamente porque hay teorías en el sentido de que la homosexualidad no es innata sino que se adquiere por influencia del ambiente familiar y social.

Contrarían así la teoría sobre los homosexuales natos para asegurar en cambio: "los homosexuales no nacen sino que se hacen".

Homosexualidad manifiesta o declarada. Se atribuye a individuos que han asumido abiertamente su identidad homosexual, se declaran homosexuales, así actúan y así se muestran ante los demás sin sesgos ni prevenciones.

Muchas de estas personas optan por hacer visible su identidad de género agrupándose en colectivos para protegerse y para proclamar y defender sus derechos, o sea, son activistas dentro de la comunidad LGBT.

Sin embargo, también hay muchos homosexuales declarados que se abstienen de pertenecer a algún colectivo LGBT. Prefieren vivenciar y afrontar individualmente su condición diversa.

Homosexualidad encubierta. Es la que practican quienes socialmente aparentan ser heterosexuales pero en su acontecer privado piensan, sienten y se comportan como homosexuales, o sea, ocultan su orientación y su identidad de género homosexual.

La gran mayoría de los homosexuales encubiertos ocultan intencionalmente su orientación ("no han querido salir del closet").

Los homosexuales encubiertos se abstienen de evidenciar su orientación homosexual por motivos que se generan en cada situación particular: protección de intereses familiares, religiosos, sociales, económicos, políticos u otros, inhibición frente al "qué dirán", temor a la homofobia y a la discriminación o también por simple decisión.

También abundan los homosexuales encubiertos que también cubren una doble moral: ocurre especialmente entre líderes de opinión, políticos, predicadores y otras personas influyentes que públicamente denigran de la homosexualidad pero la practican en privado.

Homosexualidad latente. Así la llamó Freud refiriéndose, en general, a quienes actúan como heterosexuales pero experimentan fuertes inclinaciones homosexuales.

Homosexualidad ocasional o situacional. Se presenta entre personas que, sin sentirse homosexuales ni serlo habitualmente, tienen relaciones homosexuales ocasionales o bajo circunstancias excepcionales: confinados en cárceles o cuarteles, marineros en altamar, personas bajo efectos del alcohol o de sustancias alucinógenas, etc.

En situación normal estas personas se abstienen de repetir el comportamiento homosexual, es decir, no persisten en tales conductas debido a que acusan orientación heterosexual.

9.6 La homosexualidad es un derecho

La orientación homosexual es un derecho personalísimo y como tal debería ser reconocida como opción legítima por todas las legislaciones del mundo. Muchos países ya lo han hecho pero muchos otros se resisten a ello.

Si bien, es muy perceptible la tendencia hacia la aceptación de la diversidad, en muchos Estados la homosexualidad sigue siendo objeto de estigmatización y persecución.

CAPÍTULO 10
BISEXUALIDAD

10.1 En qué consiste la bisexualidad

Bisexualidad es la inclinación sexual habitual hacia las personas de uno y otro sexo. También se le conoce como heteroflexibilidad.

El individuo siente tanta atracción por el otro sexo como por el sexo al que pertenece biológicamente.

La historia de las diferentes civilizaciones registra la bisexualidad como un hecho de conocimiento público en todas las épocas.

Esta orientación comenzó a ser analizada con criterio científico apenas a mediados de los siglos XIX (bisexualidad biológica) y XX (bisexualidad psicológica)[25].

Sigmund Freud entendió la bisexualidad como producto de "un desarrollo psicológico estancado" (sexualidad psicológica)[26].

- Heinz Kohut definió la bisexualidad como un mecanismo "de regulación de la autoestima" que ciertos individuos utilizan consciente o inconscientemente al buscar la satisfacción en relaciones sexuales con personas de su mismo género y de distinto género a la vez (bisexualidad psicológica).

Pero Kohut también advirtió que la observada por él podría ser apenas una "forma patológica de la bisexualidad". Esto porque no siempre tal orientación estaría motivada por la necesidad de autoestima: diversos factores culturales también estimularían la bisexualidad como conducta normal o aceptable junto a las orientaciones heterosexual y homosexual[27].

- El Informe Kinsey incluyó una escala (Escala Kinsey) que señalaba cinco grados de bisexualidad, desde un grado exclusivamente heterosexual hasta un grado exclusivamente homosexual.

El Informe Kinsey también mostró que la mayor parte de la población aparenta ser bisexual por menos ligeramente: la mayoría de las personas tienen algún grado de atracción hacia ambos sexos pero se inclinan más por uno de ellos.

Según el mismo Informe, apenas entre el 10% y el 20% de la población puede ser considerada como exclusivamente heterosexual u homosexual. El resto (entre 80% y 90%) de los varones y mujeres estudiados podrían ser bisexuales en mayor o menor grado[28].

De una encuesta realizada entre 536 estudiantes hombres y mujeres en el año 2009 en Málaga, resultaron estos datos: el 14.4% de los hombres no se declaró heterosexual pero tampoco homosexual y el 11,1% de las mujeres no se consideró heterosexual pero tampoco homosexual.

El estudio avaló las conclusiones de un análisis anterior (2007): no ser heterosexual implica ser homosexual o también tener una inclinación intermedia entre homosexualidad y heterosexualidad, es decir, tener algún mayor o menor grado de bisexualidad[29].

En 2003 en Australia fue publicado un informe sobre una encuesta telefónica efectuada durante los años 2001 y 2002 a 19.307 personas con edades entre 16 y 59 años.

De la consulta resultó que en el caso de los hombres el 97.4% se identificó como heterosexual, 1,6% como homosexual y 0.9% como bisexual.

Entre las mujeres el 97.7% se identificó como heterosexuales, un 0.8% como lesbianas y un 1.4% como bisexuales.

En ambos casos 8.6% de los hombres y 15.1% de las mujeres aceptaron sentir atracción o sentimientos bisexuales o haber tenido alguna experiencia bisexual.

10.2 Bigénero

Bigénero significa dos géneros.

El término identifica al individuo que practica conductas bisexuales y al fenómeno que caracteriza esta orientación.

En general, el bigénero se describe como un tipo de transformismo en que la persona modifica su personalidad alternativamente de tendencia masculina a femenina según las circunstancias que le rodean.

El bigénero está dentro del modelo binario de la sexualidad (masculino-femenino). Pero se caracteriza porque, a diferencia del heterosexual, el individuo bigénero se aprovecha de ambos elementos por tendencia natural o por simple comportamiento situacional.

El bigénero se identifica a sí mismo como masculino y como femenino alternativamente y transforma su tendencia de género adaptándose a situaciones psicológicas o sociales que se le vayan presentando.

10.3 Tipos de bisexualidad

Antiguamente se sostenía que la bisexualidad era una condición "ambigua" de ciertos individuos cuando sentían sometida su orientación sexual a la tensión entre su heterosexualidad y su homosexualidad latentes.

Diversos planteamientos teóricos de los investigadores sobre el origen y características de esta orientación, mostraron varias clases de bisexualidad: biológica, psicológica, comportamental y cultural[30]. Veamos:

- **Bisexualidad biológica.** Hay quienes atribuyen la bisexualidad a un fenómeno orgánico de origen hormonal por el que ciertas personas sienten natural atracción física hacia hombres y mujeres indistintamente.

- **Bisexualidad psicológica.** Según Freud la bisexualidad es producto de "un desarrollo psicológico estancado" en el que el individuo no ha definido su orientación sexual.

Como dijimos antes, Heinz Kohut conceptuó que la bisexualidad es una tendencia con la que ciertos individuos intentan "regular su autoestima" al sostener relaciones interpersonales y sexuales heterosexuales y homosexuales a la vez. Por eso consideraba la bisexualidad como una "patología de la psiquis"[31].

- ***Bisexualidad conductual.*** Según esta teoría ciertos individuos tienen capacidad de practicar relaciones heterosexuales y homosexuales en cualquier momento o alternativamente, no necesariamente de modo simultáneo o inmediato.

En estos casos, el comportamiento bisexual puede ocurrir bien por una tendencia habitual de origen biológico o psicológico, bien por motivos situacionales o de experimentación del individuo.

Hasta ahora no se conocen estudios interdisciplinarios en los órdenes biológico, psicológico y sociológico dirigidos simultáneamente a un solo individuo bisexual para analizar los pormenores de su inclinación.

Quiere decir que la caracterización de la bisexualidad conductual o comportamental ha resultado de encuestas, como el Informe Kinsey, o de simples observaciones empíricas.

- ***Bisexualidad cultural.*** Las teorías de la llamada bisexualidad cultural tienen que ver con la construcción social.

Como se ha visto, las teorías psicológico conductuales centran su atención en el significado de la bisexualidad en tanto conducta individualizada.

En cambio, las teorías de orden cultural sostienen que lo esencial para conceptualizar el comportamiento sexual se halla al interior de cada cultura en particular.

Según lo expuesto, las teorías de orden cultural aluden a la ideología predominante que impera sobre las relaciones sexuales. A partir de este concepto, es en el seno de cada sociedad específica y en una época determinada donde la bisexualidad se considera apropiada, saludable, moralmente aceptable o, por el contrario, reprobable.

Según las citadas teorías de corte cultural, es la cultura y no la biología la que establece históricamente el significado y alcance de las conductas, el rol y la identidad sexual y así es como sucede con la bisexualidad.

Finalmente, las teorías culturales afirman que la bisexualidad no responde a una noción única sino que presenta distintos niveles y características de acuerdo con el ámbito cultural donde se adelante cada estudio o análisis, dependiendo de la tolerancia a la diversidad sexual y de género que allí predomine.

10.4 Bifobia

Bifobia es el odio, aversión o repudio hacia los individuos bisexuales o hacia la bisexualidad en sí misma.

Unas veces la bifobia se apoya en la homofobia debido al componente homosexual que conlleva la bisexualidad.

Otras veces se genera en la concepción subjetiva o ideológica arraigada de que todo individuo debe ser plenamente heterosexual o plenamente homosexual y que, de no serlo, se trata de un sujeto "anormal" y "repulsivo".

Son frecuentes las noticias sobre casos de personas bisexuales, incluso casadas y con hijos, que por su doble inclinación sexual se ven abocadas a afrontar problemas y señalamientos de quienes les rodean.

10.5 Creencias o suposiciones que motivan bifobia

Generalmente la bifobia se motiva en creencias o suposiciones que nacen y se alimentan en el imaginario social más que en estudios serios, lo mismo que sucede con las demás orientaciones sexuales.

Sobre las personas bisexuales circulan creencias, suposiciones y prejuicios como estos:

- Que los bisexuales se inclinan naturalmente a tener relaciones sexuales de cualquier clase con todo tipo de personas y en cualquier circunstancia.

- Que son promiscuos y que, por ello, son portadores de enfermedades de transmisión sexual.

- Que son profundamente libidinosos, vale decir, propensos a todo tipo de placeres sexuales.

- Que son polígamos.

- Que sufren disforia de género, o sea, que no logran asumir una identidad de género ya sea heterosexual u homosexual.

- Que para conservar su estabilidad en la sociedad convencional muchos homosexuales se hacen pasar por heterosexuales.

- Que muchos bisexuales llegan a ser rabiosamente homofóbicos.

Como podemos apreciar, estos son conceptos ambiguos que carecen de respaldo científico, por lo tanto, se trata de meras suposiciones.

10.6 La bisexualidad es un derecho

La bisexualidad es una de las orientaciones sexuales y de género de las que comprenden la diversidad en el orden sexual. Por consiguiente, es un derecho como lo son las demás orientación sexuales y debe estar protegido por las leyes locales de la misma manera que está protegido por el Derecho Internacional en materia de Derechos Humanos.

CAPÍTULO 11
TRANSGENERISMO

11.1 En qué consiste el transgenerismo

El transgenerismo en principio sugiere "tránsito" voluntario o involuntario entre un género y otro.

En general, el término *transgenerismo* alude a la disconformidad o incompatibilidad del sexo biológico o natural de un individuo con el género que le ha sido asignado por los roles sociales binarios.

Dicho de otro modo, el transgenerismo implica una resistencia u oposición psicológica y a veces fisiológica frente al modelo binario tradicional.

Los estudios especializados sobre el transgenerismo y sus causas todavía son escasos y dispersos.

La dispersión obedece, entre otros motivos, a que la noción transgenerismo comprende varios fenómenos fisio-psicológicos que aquí llamaremos variables transgénero.

11.2 Transgénero

Transgénero es una expresión más específica que transgenerismo.

El término transgénero es sustantivo y a la vez adjetivo: describe a *individuos, grupos* y *comportamientos* que confrontan al modelo binario masculino-femenino convencional, así:

Individuos transgénero: personas que se apartan del modelo binario y, en su lugar, se auto identifican con alguno de estos géneros:

- Género masculino
- Género femenino
- Géneros masculino y femenino a la vez
- Género no masculino ni femenino

Cualquiera de estas variables se activa en procura de liberarse voluntaria o involuntariamente del sexo biológico innato.

Grupo transgénero: noción colectiva. El grupo o comunidad transgénero se manifiesta contra el modelo binario y contra los roles heteronormativos para proclamar colectivamente la diversidad de géneros sin ataduras frente al sexo biológico.

Comportamiento transgénero: se desafían los roles de género a través de comportamientos no "propios" de la masculinidad ni de la femineidad convencionales.

A través del propio modo de pensar, sentir y comportarse sexualmente, un individuo se libera o trata de liberase psicológica, normativa y algunas veces fisiológicamente (reasignación de sexo) del rol social tradicional impuesto.

La Guía de Organizaciones no Gubernamentales en América Latina dice lo siguiente acerca del transgénero:

"*Transgénero:* se utiliza como un término general para las personas cuya identidad de género y/o expresión de género difiere del sexo que se les asignó al nacer, incluidos los transformistas, imitadores(as) femeninos o masculinos y transexuales en estadio pre-operatoria, post-operatoria o no operado.

"Las personas transgénero se pueden definir a sí mismas como mujeres para hombres (Female-to-male=FTM) o sea mujeres que se les asignó el sexo femenino al nacimiento pero con una identidad de hombres.

«O varón para mujer (Male-to-Female= MTF), y varón con sexo masculino asignado al nacimiento pero con identidad de mujer; otros consideran que quedan fuera de los conceptos binarios de género o sexo.

"Las personas transgénero pueden o no optar por modificar sus cuerpos con hormonas y/o quirúrgicamente: el término no se limita a quienes tienen los recursos o el acceso a la reasignación de sexo a través de cirugía"[32].

En algunos textos el transgénero se describe como una disfunción del género que en ocasiones viene acompañada o es causada por disfunción del sexo biológico (por ejemplo, pene y vagina en un mismo individuo como el caso de los intersexuales).

Desde este punto de vista, la presunta disfunción de género llegaría a ser superada cuando el individuo transgénero asumiera plenamente su identidad de género de transexual, travesti, andrógino, tercer sexo, genderqueer, etc.

11.3 El transgénero no es necesariamente homosexual

Contra la creencia que circula en el imaginario colectivo, el transgénero no es una variable homosexual ni representa en sí mismo una orientación sexual determinada.

Dicho de otro modo, el transgénero no es sinónimo de orientación sexual ni de homosexualidad.

Es evidente que hay individuos transgénero que son heterosexuales, lesbianas, gais, bisexuales, pansexuales, polisexuales o asexuales, etc., es decir, sólo algunos transgénero son homosexuales.

11.4 Caracteres comunes de los transgénero

Los individuos transgénero muestran estos caracteres comunes:

- Su distanciamiento del modelo binario tradicional y de los roles de género convencionales.

- Identidad individual como personas diferentes a mujeres y a hombres en el sentido convencional.

- Identidad colectiva que poco a poco se ha venido visibilizando a través de una "expresión cultural transgénero".

11.5 Variables transgénero

Hay diversidad o variables transgénero, con afectaciones o perfiles específicos. Bajo dicha noción apreciemos estas variables:

- Transexualidad
- Travestismo
- Intersexualidad
- Androginia
- Tercer sexo
- Gender queer
- Género neutro

11.6 Transexualidad

Es la orientación de los individuos cuya identidad de género no concuerda con su sexo biológico.

Hay individuos transexuales que nacen con órganos genitales masculinos pero psicológica y socialmente se identifican con sexo y género femeninos ("espíritu de una mujer en el cuerpo de un hombre").

También hay individuos transexuales que nacen con órganos femeninos, pero psicológica y socialmente se identifican con el sexo y género masculinos ("espíritu de un hombre en el cuerpo de una mujer").

En este orden de ideas, los transexuales se reconocen a sí mismos como individuos del sexo contrario al que la naturaleza les asignó y aspiran a que la sociedad los reconozca del mismo modo.

O sea, buscan su identidad de género como hombres o como mujeres que se sienten y que desean ser.

Un transgénero tiene identidad de género transexual cuando no acepta el rol social de su sexo biológico innato porque se siente pertenecer al género con el que se identifica.

Esto ocurre, por ejemplo, cuando el transexual se somete a la modificación de sexo biológico por medio de cirugías y/o tratamientos o cuando simplemente asume la conciencia de género con el que se identifica.

Existe la creencia generalizada de que los transexuales son homosexuales per se, pero esto no es cierto.

En el orden biológico el hombre transexual no dejará de ser hombre porque genéticamente lo será siempre aunque se practique reasignación de sexo. Lo mismo ocurre en el caso de la mujer transexual.

Teniendo en cuenta lo anterior, asumir la identidad de género transexual no siempre implica asumir la homosexualidad.

Un transexual puede ser heterosexual u homosexual según el género con el que se identifica y, claro está, con las relaciones de orden sexual o sentimental que practique.

Entonces, surgen estos interrogantes:

Cuando un transexual modifica quirúrgicamente su sexo biológico de *hombre a mujer* (reasignación sexual) por sentirse de género femenino, y pasa a tener relaciones con una mujer, será homosexual o heterosexual?

Cuando otro transexual modifica quirúrgicamente su sexo biológico de *mujer a hombre* (reasignación sexual), por sentirse de género masculino, y pasa a tener relaciones sexuales con una mujer, ¿es heterosexual u homosexual?

Cuando un tercer transexual se abstiene de modificar quirúrgicamente su sexo biológico de sexo masculino a sexo femenino (o sea, no se somete a reasignación sexual) y pasa a tener relaciones con una mujer, ¿será heterosexual u homosexual?

Si usted, apreciado lector, nos acompañó hasta aquí le sugerimos tratar de responder a estos tres interrogantes con apoyo en la lectura que hizo de lo anterior.

11.7 Travestismo

Travestismo es el hábito de vestir con prendas características del sexo opuesto al que se pertenece.

Se denomina travestis a los individuos que manifiestan tendencia a utilizar prendas y accesorios "propios" del sexo contrario al que pertenecen: hombres que se visten y acicalan como mujeres, mujeres que se visten y acicalan como hombres.

A los travesti también se les conoce como transformistas.

En Estados Unidos al travestismo se le dice cross-dressing ("aderezo cruzado" o "cruzar aderezo"). A las personas travestis se les dice crossdresser (literalmente, "cruzar el vestidor"), término que está relacionado con algunas obras de teatro[37].

El travestismo se distingue como una variable transgénero por el uso de prendas propias del sexo opuesto.

Pero esto no significa que ser travesti implique estar afectado por disfunción de género o que sea de por sí homosexual.

El travestismo no es necesariamente homosexual. Contra la creencia social, el travestismo no está asociado necesariamente con la homosexualidad.

Los travestis pueden ser heterosexuales, homosexuales, transexuales, transgénero, pansexuales o asexuales.

Muchos travestis asumen la identidad de género acorde con las prendas que visten: hombre se viste como mujer y se siente mujer o mujer se viste como hombre y se siente hombre.

Pero también hay travestis que, aunque utilizan prendas del sexo opuesto, conservan su identidad de género original sea heterosexual u homosexual.

Casi siempre los travestis aceptan su condición sexual biológica y no acusan conflicto alguno con su cuerpo o sus genitales.

Del mismo modo, una persona puede ser travesti pero no necesariamente es transexual.

Un transexual puede vestirse de acuerdo con el género con el que se siente identificado o no hacerlo. Es decir, un transexual no necesariamente es travesti.

Se dice que el travestismo le genera a muchos individuos el efecto de antídoto contra ansiedad o depresión. Esto porque el vestirse con prendas ajenas a su sexo biológico les ayuda a experimentar una sensación de paz y seguridad.

Cross-dressing. Cross-dressing es una expresión en inglés que literalmente significa travestismo.

Es «la utilización de prendas asignadas socialmente al género opuesto que no involucra un propósito específico.

Dentro del *cross-dressing* se establecen términos similares como el travestismo (identificarse con la indumentaria socialmente asignada al sexo opuesto) y el *drag*, expresión dramática en que se representan personajes paródicos o burlescos del género opuesto con fines primordialmente histriónicos"[33].

11.8 Intersexualidad

Intersexualidad significa literalmente *entre sexos*.

La intersexualidad es una condición fisiológica por la que el cuerpo de un individuo ha desarrollado uno o más de los tres subsistemas del sistema sexual biológico (cromosómico, gonadal y genital) de manera diferente a la que es común en el proceso sexual biológico.

Así, un intersexual presenta caracteres genéticos tanto de hombre como de mujer y, por consiguiente, puede tener pene y vagina al mismo tiempo o bien un desarrollo extraño o malformado de uno de estos o de ambos órganos exteriores.

Es posible que un intersexual tenga vagina y pene a la vez fusionados entre sí o un pene y clítoris u ovarios y testículos en su fisiología interna o externa.

En el pasado se utilizaba la expresión hermafrodita para aludir a los intersexuales. Pero se ha venido desdeñando este término para restringirlo a los animales y vegetales por ser más común en estas especies mientras en el hombre la doble fisiología es una condición excepcional. Entonces, no hay seres humanos hermafroditas sino intersexuales.

11.9 Androginia

Literalmente, androginia significa mezcla o combinación de hombre y mujer.

Según la Real Academia Española el andrógino es una persona cuyos rasgos externos no se corresponden definidamente con los propios de su sexo"[34].

En otra acepción, esta psicológica, se dice que la androginia es el equilibrio entre las características masculina y femenina.

La androginia es una de las variables de la diversidad sexual dentro del transgenerismo consistente en que un individuo tiene características masculinas y femeninas al mismo tiempo o su perfil externo no permite determinar claramente si es hombre o es mujer.

Hay andróginos con órganos genitales masculinos pero se sienten y se manifiestan como hombre y mujer simultáneamente.

En relación con la diversidad de género, un andrógino también es una persona cuyo sexo biológico no concuerda con el género atribuido por el rol social y por esta razón se le ha catalogado entre los intersexuales.

Pero, fisiológicamente el andrógino puede ser intersexual o no serlo, es decir, tener ambos órganos genitales o uno de los dos. Es intersexual cuando tiene ambos órganos genitales.

No es intersexual sino simplemente andrógino si la androginia se presenta apenas en la apariencia: tiene pene (hombre) o tiene vagina (mujer) pero socialmente no es posible determinar si su género es masculino o es femenino porque en muchos casos aparenta ambos géneros simultáneamente.

11.10 Tercer sexo

El llamado tercer sexo se atribuye a personas con alguna o algunas de estas características:

- *Primera,* individuos que tienen órganos genitales masculino y femenino a la vez (intersexuales) pero que no se consideran hombres ni mujeres, es decir, se consideran de un tercer sexo.

Por ejemplo:

- Hijras de India y Pakistán
- Muxe zapotecas de México
- Kathoey de Tailandia
- Vírgenes juramentadas de los Balcanes, entre otros

- *Segunda,* individuos con órganos masculino o femenino como el común de las personas pero que niegan ser hombres o mujeres y se auto describen como de *tercer sexo* por su rebelión psicosocial tácita o expresa contra el modelo binario.

11.11 Gender queer

Esta orientación es impulsada por un sector social que considera que, además del masculino y femenino, hay otros géneros independientes del sexo biológico.

Por definición, este grupo rechaza de plano el modelo binario convencional.

Para los gender queer un tercer sexo admite la existencia de estas identidades de género:

- Estado intermedio entre hombre y mujer
- Estado de hombre y mujer a la vez
- Ni hombre ni mujer sino un tercer sexo
- Ser independiente de los géneros masculino y femenino
- Poder de cambiar de un género a otro (género fluido)

En todo caso, el gender queer siempre se anuncia como de un género independiente o liberado del sexo biológico.

Género fluido: "Designa a aquellos individuos de identidad gender queer que rotan su identidad de género adecuándose al contexto social"[35].

11.12 Género neutro o neutralidad de género

El género neutro corresponde a una teoría avanzada de la ideología de género que aboga por la eliminación de toda diferencia entre hombres, mujeres, transgénero, asexuales etc., que permita la existencia de un tipo único de personas: las personas del género humano bajo la noción de género neutro.

CAPÍTULO 12
ASEXUALIDAD

12.1 En qué consiste la asexualidad

El término asexualidad se toma en varios sentidos:

- *Falta de atracción sexual:* es la falta de atracción o de interés sexual.

Bajo este concepto asexualidad no quiere decir abstención ya que un individuo puede tener relaciones sexuales aunque carezca de atracción sexual.

- *Falta de orientación sexual:* hay quienes consideran que asexual es la persona que no manifiesta una orientación sexual definida, o sea, que no se manifiesta como heterosexual ni homosexual ni bisexual, etc.

- *Es una orientación sexual:* otros aseguran que la asexualidad es, precisamente, una de las orientaciones de género reconocidas dentro de la diversidad sexual: la orientación sexual que caracteriza a ciertos individuos, en cuyo caso la asexualidad es un derecho.

12.2 Características de la asexualidad

El Informe Kinsey concluyó, entre otras cosas, lo siguiente acerca de la asexualidad:

"Los asexuales parecen caracterizarse más por un escaso deseo y excitación sexual que por niveles bajos de comportamiento sexual o niveles altos de represión sexual".

"Los asexuales a pesar de no sentir atracción sexual o tener deseo sexual sí pueden experimentar atracción romántica, ésta puede ser dirigida hacia uno o ambos géneros.

"Desean generalmente relaciones románticas (que pueden ir de vínculos informales al matrimonio) con su género o géneros preferidos pero a menudo desearían que dichas relaciones no incluyeran actividad sexual.

"Según su orientación romántica algunos asexuales se definen a sí mismos como heterorománticos, homorománticos o birománticos, relacionado con el concepto de orientación afectiva, pero también existen otros asexuales arrománticos o no románticos que aparte de no sentir atracción sexual tampoco tienen atracción romántica.

«Los asexuales arrománticos tienden a conformarse con tener amigos muy cercanos con los que comparten una gran conexión emocional pero con los que no desean establecer una relación formal y tampoco tienen problema con que éstos tengan otras relaciones con otras personas, simplemente quieren que sean parte de su vida y pasar tiempo con ellos.

"Los asexuales arrománticos o no románticos usan la palabra "squish" en inglés del mismo modo que los asexuales románticos usan la palabra "crush" para hablar de una persona que te gusta o de la que te has enamorado o con la que te gustaría tener una relación excepto de orientación afectiva».

"Los asexuales que desean relaciones románticas se encuentran en una postura difícil ya que la mayoría de la gente no es asexual.

"Aunque estos asexuales sean capaces de tolerar el tener relaciones sexuales con sus compañeros no asexuales, aunque estos últimos pueden sentirse psicológicamente afectados al ver que son incapaces de resultarles sexualmente atractivos a su pareja, haciendo difícil la existencia de un romance a largo plazo.

"Respecto de los asexuales que no pueden tolerar el sexo tendrán que elegir entre: llegar a un compromiso con su pareja para tener cierta cantidad de sexo de todos modos, permitir a su pareja tener relaciones sexuales con otras personas, encontrar a alguien que esté dispuesto a tener una relación sin sexo, comprometerse solo con otros asexuales o bien permanecer solos, lo que hace que la convivencia con la sociedad en que nos encontramos donde el sexo parece tener un lugar tan importante pueda llegar a ser complicada y difícil para los asexuales"[36].

Según la mitología griega, Atenea (Minerva en la mitología romana) era asexual porque durante su existencia mantuvo la castidad.

Lo mismo dice la mitología griega de Hipólito: era un semidios amante de la caza y del arte de la guerra, veneraba a la diosa virgen Artemisa y detestaba a la diosa del amor Afrodita.

Finalmente, Hipólito murió precisamente por su denotada asexualidad ya que su muerte se originó en su negativa a complacer los requerimientos de su madrastra Fedra, quien estaba locamente enamorada de él[37].

12.3 Abstinencia sexual

La abstinencia sexual se define como privación total o parcial, voluntaria o involuntaria, de satisfacción de apetitos sexuales.

Anthony Bogaert, un reconocido profesor de Ciencias de la Salud Comunitaria y Psicología en la Universidad de Brock, Canadá, en el año 2004 adelantó un estudio donde concluyó que el 1% de la población del Reino Unido es asexual[38].

12.4 Celibato

Celibato, del latín *caelibatus*, significa soltería.

Dentro de la Iglesia Católica el celibato deriva de un motivo de orden religioso: ser célibe, o sea abstenerse de contraer matrimonio, es requisito para el ejercicio legítimo del ministerio sacerdotal.

Aunque bajo las reglas de la Iglesia Católica el celibato se extiende a la abstinencia sexual, los sacerdotes son célibes por declaración formal pero, en la práctica, muchos son activos sexualmente.

La Biblia no consignó nada sobre la sexualidad de los ángeles pero bajo la interpretación católica estos seres son típicamente asexuales y, según otra interpretación, también son andróginos, es decir, no son hombres ni son mujeres.

CITAS Y BIBLIOGRAFÍA

1. Diccionario de la Real Academia Española.

2. Diccionario de la Real Academia Española.

3. Organización Mundial de la Salud -OMS, 2006. *Defining sexual health Report of a technical consultation on sexual health* 28-31 January 2002, Ginebra, www.who.int/es/.

4. Von Krafft-Ebing, Richard, *Psychopathia Sexualis* (1886), reimpresión de Bloat Books, 1999, ISBN 0-9650324-1-8.

5. Goodrich Willard, Elizabeth, 306-8. Chicago: Walsh, 1867).

6. Iván Perea Fernández, Coordinador del área de SIDA. Facultad de Psicología, Universidad de los Andes, Bogotá, Colombia, Dictamen citado en Sentencia C-481 de 1998, M. P. Alejandro Martínez Caballero.

7. Principios de Yogyakarta, Preámbulo, http://www.psoe.es/lgtb/docs/440106/page/principios-yogyakarta-.html.

8. IV Conferencia Mundial de las Naciones Unidas sobre la Mujer,www.un.org/es/development/devagenda/gender.shtml.

9. IV Conferencia Mundial de las Naciones Unidas sobre la Mujer,www.un.org/es/development/devagenda/gender.shtml.

10. Diccionario de la Real Academia Española.

11. Principios de Yogyakarta, Preámbulo, http://www.psoe.es/lgtb/docs/440106/page/principios-yogyakarta-.html.

12. Principios de Yogyakarta, Preámbulo, http://www.psoe.es/lgtb/docs/440106/page/principios-yogyakarta-.html.

13. Principios de Yogyakarta, Princ. 24, http://www.psoe.es/lgtb/docs/440106/page/principios-yogyakarta-.html.

14. Michael Warner, *Fear of a queer planet* : *Queer Politics and Social Theory* (Minneapolis: University of Minnesota Press, 1993, english.yale.edu/faculty-staff/michael-warner,

15. Monique Wittig, *El pensamiento heterocentrado*, 1978 y The Straight Mind (*La mente recta*), 1992, www.moniquewittig.com/

16. Charlotte Perkins Gilman, *The Man-Made World; or, Our Androcentric Culture* (*El mundo artificial; o, nuestra androcéntrica cultura*, 1911, www.charlotteperkinsgilman.com/

17. Diccionario de la Real Academia Española.

18. Diccionario de la Real Academia Española.

19. Diccionario de la Real Academia Española.

20. Lameiras Fernández, Maria, *Aproximación psicológica a la problemática de los abusos sexuales en la infancia. Abor-*

daje psicológico y jurídico (pág. 72), Madrid: Biblioteca Nueva, 2002, ISBN 978-84-9742-010-5.

21. Diccionario de la Real Academia Española.

22. Feray, Jean-Claude; Herzer, Manfred, 1990. *Homosexual studies and politics in the 19th century*: Karl Maria Kertbeny", Journal of Homosexuality, www.formacion-integral.com.ar/index.php?option.

23. Richard Freiherr von Krafft-Erbing, *Psychopathia Sexualis* (1886), www.kinolorber.com/psychopathia/history.html.

24. *Anuario Estadístico de la Comunidad de Madrid*, www.madrid.org/iestadis/fijas/estructu/general/anuario/.../anusiglas.pdf.

25. Jean-Baptiste-Pierre-Antoine de Monet de Lamarck (1744-1829) - Lamark (bisexualidad biológica)

26. Herdt, Gilbert y Boxer, Andrew, *Bisexualidad. Hacía una teoría comparativa de las identidades y de la cultura*, Antropología de la sexualidad y diversidad cultural Talasa, 1995, ISBN 84-88119-96-8.

27. Kohut, Heinz, *Los dos análisis del Sr. Z.*, Barcelona, Editorial Herder, 2002, ISBN 978-84-254-2285-0.

28. Kinsey, A.C., Pomery, W.B., Martin,C. E., & Gebhard, P.H., 1998 (reimpresión del original de 1953)), *Sexual Behavior in the Human Female* (*Comportamiento sexual de la mujer*), Bloomington, Indiana University Press, ISBN 0-253-33411-X.

29. Gallardo Linares, Francisco J, Escolano López, Víctor M, *Informe Diversidad Afectivo-Sexual en la Formación de Docentes.* Evaluación de Contenidos LGTB en la Facultad de C.C.E.E. de Málaga, Málaga, España, CEDMA, marzo de 2009.

30. Herdt, Gilbert y Boxer, Andrew, *Bisexualidad. Hacía una teoría comparativa de las identidades y de la cultura*, Antropología de la sexualidad y diversidad cultural, Talasa, 1995, ISBN 84-88119-96-8.

31. Heinz, Kohut, pp. cit.

32. Guía de Organizaciones no Gubernamentales de América Latina, lanic.utexas.edu/la/region/ngos/indexesp.html.

33. Travestismo#Cross-dressing, Merriam-Webster Dictionary; consultado mayo 2014.

34. Diccionario de la Real Academia Española.

35. Marshall, Cavendish, ed (2010). *"Asexuality"* (en inglés), *Sex and Society.* 2. Marshall Cavendish. pp. 82-83. ISBN 9780761479062).

37. Bogaert, Anthony, *Asexuality: prevalence and associated factors in a national probability sample* (en inglés). Journal of Sex Research 41, pp. 279-87. doi:10.1080/00224490409 552235. PMID 15497 056.

OTRAS OBRAS DE ESTA SERIE

- *Homosexualidad*

- *Mitos, creencias y prejuicios sobre la homosexualidad*

- *Homofobia y discriminación por orientación sexual*

- *Causas de la homosexualidad*

- *Lesbianismo*

- *Transgenerismo*

- *Historia de la diversidad sexual*

- *Derechos universales de la diversidad sexual*

- *Matrimonio homosexual y unión civil homosexual*

- *Adopción homosexual*

- *Personajes que han salido del closet*

- *Derechos de la diversidad sexual en Colombia*

- *Derechos de las parejas del mismo sexo en Colombia*

- *Matrimonio igualitario en Colombia*

PERFIL DEL AUTOR

El autor, **Alfonso Vanegas Castellanos**, es abogado egresado de la Universidad Libre de Colombia. Doctor en Derecho y Ciencias Sociales, Especialista en Derecho Procesal y Docencia Universitaria. Treinta y seis años de ejercicio profesional en diversas ramas del derecho.

Fue profesor e investigador socio-jurídico en las Facultades de Ciencias Sociales y de Derecho de la Universidad Colegio Mayor de Cundinamarca, Bogotá, Colombia. Otras de sus obran son:

- *Accidentes de tránsito y seguro obligatorio*, Editemas AVC, 1993, 1995 y 1996.

- *Nuevos sistemas de seguridad social*, Ediciones Angular, Bogotá, 1994.

- *Teoría y práctica de la seguridad social*, Edic. del Profesional, 1997.

- *Legislación laboral para carreras no jurídicas*, Universidad Colegio Mayor de Cundinamarca, Bogotá, 1999.

- *Teoría y práctica de la acción de tutela*, Editemas AVC, Bogotá, 1996, 2006 y 2009.

- *Diccionario de derecho individual del trabajo*, Nomos Editores S. A., 2007, y Ediciones del Profesional, Bogotá, 2011.

- *Reparación Integral a las víctimas del conflicto armado interno y restitución de tierras*, Nomos Editores S.A, Bogotá, 2014.